하루 3줄 쓰기:

나도 친구도 오해하지 않고 말해요

한 그루의 나무가 모여 푸른 숲을 이루듯이
청림의 책들은 삶을 풍요롭게 합니다.

하루 3줄 쓰기

나도 친구도
오해하지 않고
말해요

윤희솔 지음

청림Life

우리는 매일 친구들과 어울리고, 선생님께 질문하고, 부모님과 대화하면서 여러 가지 상황을 만나요. 이런 다양한 장면 속에서 어떤 말과 행동을 해야 할지 혹시 고민해 본 적이 있나요? 어떤 때는 용기가, 어떤 때는 따뜻한 마음이, 또 어떤 때는 단호한 태도가 필요하다는 것을 느낀 적이 있을 거예요. 《하루 3줄 쓰기: 나도 친구도 오해하지 않고 말해요》는 바로 그런 순간에 여러분이 올바른 선택을 할 수 있도록 돕기 위해 만들어졌어요.

이 책은 여러분이 만날 수 있는 다양한 상황들을 하나하나 떠올리면서, 그 순간에 어떤 태도와 말이 여러분을 더 멋지게 만들어 줄지 생각해 보았어요. 예를 들어, 친구와 다퉜을 때 어떤 말을 하면 사이가 좋아질 수 있을까요? 누군가가 나를 놀릴 때는 어떤 태도로 나를 지킬 수 있을까요? 이 책은 이렇게 사소해 보이지만 중요한 질문들에 답을 찾는 길을 밝혀 줄 거예요.

우리는 모두 때때로 실수하고, 예상치 못한 감정에 휩싸여 혼란스러울 때도 있어요. 하지만 그런 순간에도 올바른 말을 선택하고, 옳은 행동을 할 용기를 스스로 키워 나갈 수 있다면, 여러분의 생각과 마음은 날마다 한 뼘씩 자라날 거예요. 이 책을 읽다 보면, 여러분은 자신을 더 잘 이해하고, 다른 사람들과 더 즐겁고 조화롭게 지낼 방법을 알게 될 거랍니다.

또한 이 책에는 여러분이 더 당당하고, 더 따뜻하며, 더 용기 있고, 더 침착하고, 더 예의 바른 나로 성장할 수 있도록 돕고 싶은 마음을 가득 담았어요. 책을 읽으면서 여러분이 스스로에게 딱 맞는 고민 해결의 실마리를 발견하고, 어떤 어려움이 닥치더라도 자기 자신을 믿으며 한 걸음씩 나아갈 수 있기를 진심으로 바랍니다.

여러분은 무한한 가능성을 품은 씨앗이에요. 소중한 씨앗 하나하나가 싹을 틔우고, 깊은 뿌리를 내려, 마침내 세상에 단단히 뿌리내릴 수 있도록 이 책이 여러분을 따뜻하게 비추는 빛의 역할을 해내길 소망합니다.

이제 《하루 3줄 쓰기: 나도 친구도 오해하지 않고 말해요》와 함께 여러분만의 특별한 숲을 만들어 볼까요? 바로 오늘부터요.

2025년 1월
윤희솔 선생님이

차례

당당한 나

따뜻한 나

단호한 나

예의 바른 나

책 사용법

"이럴 때 무슨 말을 해야 할까?", "어떻게 말하면 좋을까?"
한 번쯤은 고민해 본 적 있지요? 《하루 3줄 쓰기: 나도 친구도 오해하지 않고 말해요》
는 그런 고민을 혼자 안고 있는 어린이들을 위해 만들어졌어요. 여러분이 더 자신 있게,
더 따뜻하게 말할 수 있도록 곁에서 함께해 줄 친구 같은 책이랍니다. 자, 이제 이 책을
재미있고, 똑똑하게 활용하는 방법을 말해 줄게요!

1. 책 속의 상황을 가만히 떠올려요.

먼저 책 속에 나오는 상황을 상상해 보세요. 예를 들어, "자기소개할 때 어떻게 말할까
요?"라는 질문을 보면, 나만 바라보는 친구들 앞에 서 있는 교실 속 내 모습을 머릿속
에 그려 보는 거죠. '상황 속의 인물이 나라면 어떨까?', '나는 그런 적이 있나?' 하고 떠
올리면, 무슨 말을 해야 할지 생각할 때 더 도움이 돼요.

2. 질문을 곰곰이 생각해 보세요.

책에는 여러분이 스스로 생각해 볼 수 있도록 질문이 다양하게 나와 있어요. "내가 좋
아하는 것은 뭐지?", "친구들과 함께하고 싶은 건 뭐지?"와 같은 질문을 보며 내가 상
대방이라면, 혹은 내가 그 상황에 처하면 어떤 생각들이 떠오를지 상상해 보세요. 자신
만의 질문을 만들어 보는 것이 이 책의 가장 중요한 부분이랍니다.

3. 할 말을 잘 정리해서 찬찬히 연습해 보세요.

책에는 생각을 정리하는 데 도움을 주는 예시가 있어요. 빈칸에 여러분의 생각을 적으면서 할 말을 차분히 준비하세요.

할 말을 다 정리한 후에는, 여러분이 쓴 글을 소리 내 읽어 보세요. 처음엔 또박또박 읽는 데 집중하고, 정확히 말할 수 있게 되면, 자연스럽게 읽는 연습을 해요. 몇 번 반복하다 보면 쓴 내용을 보지 않고도 말할 수 있게 될 거예요. 거울 앞에서 연습하거나, 부모님이나 친구들 앞에서 말해 보는 것도 좋아요.

4. 꿀팁을 활용해 보세요!

책에 나와 있는 꿀팁은 정말 유용해요. 예를 들어, "발음을 정확하게 할 것!", "바른 자세로 말할 것!" 같은 팁을 기억하면, 말할 때 더 자신감이 생길 겁니다.

천천히 책을 읽고, 생각해 보고, 연습하다 보면 어느새 사람들 앞에서 당당히 말하고 있는 자신을 발견하게 될 거예요! 여러분의 생각이 단단한 문장이 되고, 그 문장이 여러분의 목소리를 통해 세상을 밝히는 말이 되길 바랍니다.

친구를 처음 만날 때

1. 가만히 떠올려요

새 학년이 된 첫날. 우리 반에 어떤 친구들이 있을지 궁금하고 기대되지만 한편으로는 모르는 친구들과 어떻게 하면 친해질 수 있을지 걱정도 돼요.
처음 만나는 반 친구들에게 가장 먼저 무엇을 말할래요?

" 안녕, 친구들아 만나서 반가워! "

2. 곰곰이 생각해요

나뿐 아니라 친구들 모두 긴장되고 떨릴 거예요. 아직 서로에 대해 모르니 별로 할 말도 없고요. 친구에게 말하기 전 어떤 것들을 생각해 봐야 할지 적어 보세요.

① 내가 처음 유치원에 입학했을 때는 어떻게 친구들과 이야기했을까?

② 아는 친구들이 아무도 없다면 어떨까?

③ 이렇게 어색할 때 나에게 누가 인사해 주면 기분이 어떨까?

④ 다른 친구들도 서로 가 이 색해지 않을까?

3. 찬찬히 연습해요

친구를 처음 만날 때 무엇을 말해야 할지 알 것 같나요? 어떤 표정과 몸짓이 좋을지 생각하며 하고 싶은 말을 연습해 보세요.

예) "안녕? 나는 (이름   )이야. 만나서 반가워."

66 안녕? 내 이름은 다온이야. 만나서 반가워! 다들 친하게 지내자! 99

꿀팁!

인사는 여러분의 첫인상을 좌우해요. 조금 떨리고 어색하더라도 웃으면서 밝은 목소리로 "안녕?", 혹은 "안녕하세요?" 하고 또박또박 말해 보세요.

자기소개할 때

1. 가만히 떠올려요

친구들에게 인사도 간신히 했는데, 선생님께서 한 명씩 나와서 자기소개를 하라고 하셨어요.
내 차례가 되니 친구들이 나만 바라보는 것 같아 너무 떨려요.
반 친구들에게 나를 소개할 때 무엇을 말하면 좋을까요?

"　　　　　　　　　　　　　　　　　　　　　"

2. 곰곰이 생각해요

밝은 표정으로 이름을 또박또박 말하는 것만으로도 훌륭한 자기소개랍니다. 아래의 글은 처음 자기소개를 할 때 말하기 좋은 주제들이에요. 글을 읽어 보고 친구들에게 말하기 전 어떤 것들을 생각해 봐야 할지 적어 보세요.

① 내가 좋아하는 것은 무엇일까?

② 내가 잘하는 일은 무엇일까?

③ 반 친구들과 하고 싶은 일은 무엇일까?

④ _____

3. 찬찬히 연습해요

자, 이제 자기소개를 할 준비가 되었어요. 친구들에게 자기소개할 내용을 정리해서 말하기 연습을 해 보세요.

예) 안녕? 나는 (이름   )야. 나는 책 읽기를 좋아하고,
그림 그리기도 좋아해.
나랑 같이 도서관에 가고, 재미있게 놀 친구를 많이 사귀고 싶어.

 꿀팁!
자기소개할 때 길게 말하지 않아도 돼요. 가장 중요한 건 바른 자세와 교실 뒤에 있는 친구들도 들을 수 있을 정도의 목소리 크기랍니다. 당당하게 발표하는 걸 잊지 마세요.

친구에게 다가갈 때

1. 가만히 떠올려요

친구들이 모여 이야기하고 있어요. 같이 어울리고 싶은데, 그 아이들은 원래 친한 것 같아요.
이럴 때 뭐라고 하면서 다가갈 건가요?

"

"

2. 곰곰이 생각해요

친구들이 재미있게 이야기할 때, 나도 끼고 싶어요. 그런데 선뜻 친구들에게 다가서기가 어렵다면, 친구에게 말하기 전 어떤 것들을 생각해 봐야 할지 적어 보세요. 망설이는 이유를 알면, 친구들에게 다가가기 훨씬 쉬울 거예요.

① 거절당하면 어떤 기분일까?

② 처음 보는 친구에게 어떻게 말을 걸면 좋을까?

③ 내가 저 친구들에게 다가가기 어려운 이유가 있을까?

④

3. 찬찬히 연습해요

이제 친구들에게 다가갈 준비가 되었어요.
친구들에게 말할 내용을 정리해 보세요.

예) 너희 이야기하는 게 정말 재미있어 보여. 무슨 이야기인지
나도 같이 들어도 될까?

"

꿀팁! 친구들이 혹시 거절하더라도 '응, 알았어.' 하고 담담하게 말하고 돌아서세요. 여러분이 당당하게 행동하면 거절했던 친구가 다가올 수도 있고, 다른 친구가 여러분에게 좋은 감정을 느끼게 될 수도 있어요.

반장 선거에 나갈 때

1. 가만히 떠올려요

새로운 학기가 시작되고, 반에서 반장을 뽑는 선거를 하게 되었어요. 반장 선거에 나가고 싶어요.

여러 친구 앞에서 나를 뽑아 달라고 말할 때 가장 먼저 뭐라고 말하고 싶은가요?

2. 곰곰이 생각해요

반장을 뽑을 때는 새로운 학급이 만들어진 지 얼마 되지 않았을 때라 친구들끼리 서로 모르는 경우도 많을 거예요. 이럴 때 친구들의 환심을 사기 위해 지키지 못할 말을 꺼내면 나중에 더 큰 곤욕을 치를 수 있어요. 친구에게 말하기 전 어떤 것들을 생각해 봐야 할지 적어 보세요.

① 내가 반장이 되고 싶은 까닭은 무엇일까?

② 내가 우리 반을 위해 할 수 있는 일은 무엇일까?

③ 내가 친구들과 만들고 싶은 반은 어떤 반일까?

④

3. 찬찬히 연습해요

이제 반장 선거에 나갈 준비가 되었어요. 나만의 멋진 공약을 내세워 친구들에게 말해 볼까요?

예) 안녕하십니까, 기호 (   )번 (이름   )입니다.
제가 반장이 되고 싶은 이유는 우리 반을 (   )하게 만들고 싶기 때문입니다.
반장이 된다면 첫째, (   )을/를 하겠습니다. 둘째…
기호 (   )번 (이름   )을 믿어 주세요. 열심히 하겠습니다!

꿀팁!

후보로서 소견 발표를 할 때 친구들과 눈을 맞추고 또박또박 이야기하면 훨씬 자신감에 넘쳐 보이고, 설득력도 있어요. 반 친구 전체를 두루 살피면서 한 명 한 명과 눈을 맞추어 보세요.

칭찬을 받았을 때

1. 가만히 떠올려요

그림을 그리고 있는데, 친구들이 하나둘 모여들더니 잘 그렸다고 칭찬해요. 내가 봐도 내 그림이 멋진 것 같아요.
이럴 때 친구들에게 뭐라고 말할 건가요?

"   "

2. 곰곰이 생각해요

칭찬을 받으면 괜히 부끄러워지기도 하고, 더 자랑하고 싶은 마음이 들 수도 들어요. 칭찬해 주는 친구에게 답하기 전 어떤 것들을 생각해 봐야 할지 적어 보세요.

① 나는 어떨 때 친구들을 칭찬할까?

② 친구를 칭찬할 때 친구는 나를 어떻게 생각할까?

③ 자랑하는 것처럼 말하지 않으려면 어떻게 해야할까?

④

3. 찬찬히 연습해요

이제 나를 칭찬하는 친구에게 할 말을 준비했어요. 칭찬받을 때의 내 마음과 칭찬해 주는 친구에 대한 고마움을 잘 정리해서 연습해 볼까요?

네 칭찬을 들으니 정말 기뻐. 칭찬해 줘서 정말 고마워. 네 덕분에
(   )을/를 더 잘하고 싶어졌어.

꿀팁! 칭찬받을 때 부끄러워할 필요도 없지만, 지나치게 자랑하는 태도도 조심해야 해요. 칭찬을 받으려고만 하지 말고, 다른 친구들을 칭찬하는 습관을 들이면 더 좋겠지요?

장래 희망을 발표할 때

1. 가만히 떠올려요

반 친구들 앞에서 장래 희망을 발표하게 됐어요.
이럴 때 무엇을 말하면 좋을까요?

2. 곰곰이 생각해요

장래 희망을 말할 때 꼭 직업을 말하지 않아도 돼요. 친구에게 나의 장래 희망을 말하기 전 어떤 것들을 생각해 봐야 할지 적어 보세요.

① 내가 가지고 싶은 직업이 있다면, 그 직업은 구체적으로 어떤 일을 할까?

② 만약 가지고 싶은 직업이 아직 없다면, 나는 어떤 어른이 되고 싶을까?

③ 다른 친구들은 장래 희망을 말할 때 어떤 것을 말할까?

④

3. 찬찬히 연습해요

이제 장래 희망을 발표할 준비가 됐어요. 만약 아직 장래 희망이 뚜렷하지 않다면 커서 어떤 어른이 되고, 무슨 일을 하고 싶은지 한 번 이야기해 볼까요?

예) 나는 아직 미래에 무슨 일을 할지 못 정했어. 하지만 나는 새로운 일을 해 보는 걸 좋아하거든. 그래서 다른 사람들이 아직 하지 않는 일에 도전하는 멋진 사람이 될 거야.

꿀팁!

장래 희망을 정할 땐 아래 세 가지를 고려해 보세요.
1. 가치가 있거나 중요한 일인가?   2. 내가 잘하는 일인가?
3. 내가 좋아하는 일인가?

친구에게 사과 받고 싶을 때

1. 가만히 떠올려요

친구가 나에게 실수를 했어요. 그런데 그 친구는 나에게 잘못한 걸 모르는지, 아니면 사과할 마음이 없는지 다른 친구와 신나게 놀고 있어요.
이럴 때 어떤 마음이 드나요?

2. 곰곰이 생각해요

친구가 일부러 그랬는지, 아니면 단순한 실수인지 먼저 생각해 보고 친구에게 말하기 전 어떤 것들을 생각해 봐야 할지 적어 보세요.

① 내가 친구에게 사과할 것은 없을까?

② 친구의 잘못을 모른척 넘어갈 수 있을까?

③ 만약 반대의 상황일 때 친구는 어떻게 할까?

④

3. 찬찬히 연습해요

이제 친구에게 사과 받고 싶다고 말할 준비가 됐어요. 친구의 잘못으로 내 마음이 상한 이야기, 내 마음이 풀리기 위해 친구가 해 줘야 할 일을 잘 정리해서 이야기해 보세요.

예) 네가 아까 (   )해서 내가 정말 괴로웠어. 나에게 사과해 줘.

"

꿀팁!

화가 나 흥분한 상황에서 친구에게 사과 받고 싶다고 말하면 더 큰 싸움이 벌어질 수도 있어요. 감정을 조절하기 힘들더라도 '곰곰이 생각해요'의 네 가지 생각을 정리한 후 친구에게 차분하고 당당하게 말해 보세요.

시합에서 졌는데
친구들이 나를 원망할 때

1. 가만히 떠올려요

모둠 대항 경기를 했어요. 모둠 친구들이 나 때문에 졌다고 원망해요.
이럴 때 뭐라고 말할 건가요?

"

"

2. 곰곰이 생각해요

모둠 대항 경기에서 진 것도 속상한데 친구들의 원망까지 들으니 더욱 속상해요. 이런 내 마음을 친구에게 말하기 전 어떤 것들을 생각해 봐야 할지 적어 보세요.

① 친구들이 나를 탓하는 이유는 무엇일까?

② 지금 친구들의 마음은 어떨까?

③ 친구들이 나에게 바라는 것은 무엇일까?

④

3. 찬찬히 연습해요

이제 나를 원망하는 친구들에게 말할 준비가 됐어요. 내가 실수한 점은 인정하고, 친구들의 마음을 헤아리며 말할 내용을 연습해 보세요. 내 마음을 당당하게 말하는 것도 잊지 말고요.

예) 우리 팀이 져서 나도 속상해.
일부러 그런 게 아니니까 그만했으면 좋겠어.

 꿀팁! 핑계를 대기보다는 잘못한 일을 인정하고, 사과할 일은 사과하는 게 좋아요. 그리고 평소에 친구가 일부러 한 일이 아니라면 기꺼이 용서해 주세요. 그러면 내가 실수했을 때 친구들이 나를 잘 용서해 줄 거예요.

외로워 보이는 친구에게 다가갈 때

1. 가만히 떠올려요

쉬는 시간에 혼자 가만히 자리에만 있는 친구가 있어요. 다른 친구들이 그 친구에게 말도 걸지 않네요. 그 친구가 많이 심심해 보여요.

이럴 때 뭐라고 말할 건가요?

"

"

2. 곰곰이 생각해요

외로워 보이는 친구가 있다면, 다가가기 전에 친구와 내 마음을 잘 살펴야 해요. 혼자 있는 친구에게 말하기 전 어떤 것들을 생각해 봐야 할지 적어 보세요.

① 저 친구는 왜 외로워 보일까?

② 나는 왜 저 친구에게 관심이 생겼을까?

③ 혹시 저 친구는 혼자서 노는 것을 좋아하는 것은 아닐까?

④

3. 찬찬히 연습해요

이제 외로워 보이는 친구에게 다가가서 말할 준비가 됐어요. 외로워 보여서 말을 하게 됐다는 이야기, 함께 놀 친구가 필요한지 궁금하다는 이야기를 잘 정리해서 연습해 보아요.

예) 안녕? 나는 (친구 이름)아/야, 뭐 해?
심심하면, 나랑 ( ) 같이 할래?

꿀팁! 외로워 보이는 친구를 눈여겨본 여러분을 정말 칭찬해요. 그런데, 혼자 있는 걸 좋아하는 사람도 많답니다. 혼자 있고 싶다고 말하는 친구가 있다면, 그 의견을 존중해 주세요.

친구가 나를 좋아한다고 고백할 때

1. 가만히 떠올려요

같은 반 친구가 어느 날 갑자기 다가와서 날 좋아한다고 고백했어요.

이럴 때 뭐라고 말할 건가요?

2. 곰곰이 생각해요

갑자기 고백을 받으면 놀라기도 하고, 당황스러울 거예요. 고백한 친구에게 말하기 전 어떤 것들을 생각해 봐야 할지 적어 보세요.

① 나에게 고백한 친구의 마음은 어떨까?

② 나는 그 친구의 고백을 받아 주고 싶을까?

③ 만약 받아 주기 싫다면 어떻게 말하는 것이 좋을까?

④

3. 찬찬히 연습해요

이제 나에게 고백한 친구에게 말할 준비가 됐어요. 내 마음과 고백한 친구의 마음을 헤아리며 할 말을 정리해서 말하기 연습을 해 보세요. 나도 친구와 사귀고 싶다면 친구의 고백을 예쁜 말로 받아 주면 되지만, 만약 친구와 만나고 싶지 않다면 잘 거절하는 연습도 필요합니다.

예) (친구 이름   )아/야, 나를 좋아해 줘서 고마워.
그런데, 나는 아직 누구랑 사귀고 싶지 않아. 그냥 친구로 잘 지내자.

고백은 받았지만, 사귀고 싶지 않다면 따뜻하면서도 분명하게 말해야 해요. '거절하면 이 친구가 상처받지 않을까?', '마음을 안 받아 준다고 나를 욕하고 다니면 어떡하지?', '만날 때마다 어색하겠지?' 하는 마음으로 받아들이면 안 돼요.

친구가 아플 때

1. 가만히 떠올려요

평소에 장난도 잘 치고 밝은 친구가 힘없이 앉아 있는 걸 보니 아픈 것 같아요. 무슨 일이 있나 걱정이 되네요.
이럴 때 뭐라고 말하고 싶은가요?

2. 곰곰이 생각해요

아파 보이는 친구가 눈에 들어왔을 땐 어떻게 하면 좋을까요? 아픈 친구에게 말하기 전 어떤 것들을 생각해 봐야 할지 적어 보세요.

① 내가 아플 때 친구들이 어떻게 해 주면 좋을까?

② 친구에게 어떤 도움을 줄 수 있을까?

③ 주변 어른들에게 도움을 청할 수 있을까?

④

3. 찬찬히 연습해요

아파 보이는 친구에게 말할 준비가 됐어요. 내가 아팠던 경험과 친구의 상태를 살피며 할 말을 정리해서 말하기 연습을 해 보세요.

예) (친구 이름)아/야, 어디 아파? 선생님께 말씀드리고 보건실 갈래?

꿀팁!

여러분이 아팠을 때를 떠올려 보고, 무슨 도움이 필요했는지 생각해 보세요. 때로는 아픈 걸 드러내기 싫어하는 친구를 만날 수도 있어요. 그럴 땐 "내 도움이 필요하면 말해 줘"라고만 말하고, 그 친구의 뜻을 존중해 주세요.

친구가 화났을 때

1. 가만히 떠올려요

친구가 눈물까지 글썽이며 씩씩거리고 있어요. 화가 많이 났나 봐요.
이럴 때 친구에게 뭐라고 말할 건가요?

66   99

2. 곰곰이 생각해요

친구가 화났을 땐 말을 더 조심스럽게 해야 해요. 화가 났을 땐 감정이 빵빵한 풍선 같아서 조금이라도 잘못 건드리면 '펑!' 하고 터지거든요. 화가 난 친구에게 말하기 전 어떤 것들을 생각해 봐야 할지 적어 보세요.

① 친구가 화가 난 이유가 무엇일까?

② 지금 친구에게 말을 걸어도 될까?

③ 나는 화난 친구의 말을 들어 줄 마음의 준비가 되었을까?

④

3. 찬찬히 연습해요

화난 친구에게 말할 준비가 됐어요. 내가 화났던 때의 마음과 친구의 모습을 살피며
할 말을 정리해서 말하기 연습을 해 보세요.

예) (친구 이름   )아/야, 기분이 안 좋아 보여. 무슨 일 있었어?

66   99

꿀팁! 화난 친구의 감정이 어디로 튈지는 아무도 몰라요. 괜히 나에게 소리치거나 반응이 없을 수도 있고요. 그러니 친구가 너무 화가 나 있는 것 같으면 조금 가라앉을 때까지 기다렸다가 말하는 것도 좋아요.

친구가 상을 받았을 때

1. 가만히 떠올려요

친구가 조회 시간에 교장 선생님께 상을 받았어요. 친구가 정말 기뻐하고 있어요.
이럴 때 뭐라고 말해 주고 싶은가요?

"　　　　　　　　　　　　　　　　　　　　　　　"

2. 곰곰이 생각해요

친구가 상을 받았을 때 부러운 마음이 먼저 들 수도 있어요. 그래도 진짜 멋진 친구는 친구가 기뻐할 때 함께 기뻐하고, 칭찬하는 친구랍니다. 기뻐하는 친구에게 말하기 전 어떤 것들을 생각해 봐야 할지 적어 보세요.

① 내가 상을 받았을 때 친구에게 어떤 말을 듣고 싶을까?

② 친구가 어떤 점을 노력해서 상을 받았을까?

③ 친구가 기분 좋아할 만한 칭찬은 무엇일까?

④

3. 찬찬히 연습해요

상을 받은 친구에게 말할 준비가 됐어요. 내 마음과 친구가 상을 받기 위해 기울인 노력을 정리해서 진심으로 친구를 축하하는 말하기 연습을 해 보세요.

예) 정말 축하해. 네가 (   )을 열심히 하더니 이런 상을 받았구나!

"

꿀팁!

부러운 마음이 드는 건 부끄러운 게 아니에요. 친구를 칭찬하고, 축하해 주세요. 부러운 마음도 표현하고, 상을 받은 비결을 물어보면 친구가 기쁘게 알려 줄 거예요.

친구랑 둘이 있는데 어색할 때

1. 가만히 떠올려요

다른 친구랑 어울려 놀 때는 재미있었는데, 이 친구랑 단둘이 있으니 어색해요.
서로 말 없이 조용히 있는 게 너무 힘든데, 이럴 때 무슨 말을 하나요?

2. 곰곰이 생각해요

단둘이 있을 때 무슨 말을 해야 할지 몰라 난감할 때가 있어요. 그렇다고 어색한 분위기를 깨 보려고 아무 말이나 했다가는 실수할 수도 있어요. 옆의 친구에게 말하기 전 어떤 것들을 생각해 봐야 할지 적어 보세요.

① 꼭 이 친구와 대화를 해야 할까?

② 평소 다른 친구들과 대화할 때 친구가 관심을 가졌던 내용은 뭘까?

③ 편하게 친구와 말할 수 있는 주제는 무엇일까?

④

3. 찬찬히 연습해요

친구에게 말할 준비가 됐어요. 어색한 분위기를 편안하게 풀어 갈 수 있는 주제를 찾아 말하기 연습을 해 보세요.

예) 오늘 날씨가 (   ). 넌 무슨 계절을 좋아해?

 대화하는 자리에 없는 친구에 관해 이야기하는 건 피하는 게 좋아요. 날씨, 좋아하는 음식이나 장난감 등 편안하게 말할 수 있는 주제에서 가볍게 시작해 보세요.

친구의 말이 지루할 때

1. 가만히 떠올려요

친구들이랑 이야기하는데, 한 친구가 재미없는 이야기를 혼자서 계속해요.
이럴 땐 뭐라고 말할 건가요?

2. 곰곰이 생각해요

한 사람만 말하는 건 좋지 않아요. 지금 말을 많이 하고 있는 친구도 다른 친구와 대화하는 방법을 익혀야 하고요. 친구에게 말하기 전 어떤 것들을 생각해 봐야 할지 적어 보세요.

① 저 친구의 말은 왜 재미가 없을까?

② 혹시 다른 친구 중에 재미있게 듣고 있는 친구가 있을까?

③ 그 친구가 말을 마칠 때까지 기다려 줄 수 있을까?

④

3. 찬찬히 연습해요

친구의 말이 지루할 때 말할 준비가 됐어요. 친구가 무안하지 않게 따뜻한 표정으로 말할 내용을 정리하여 말하기 연습을 해 보세요.

예) 그랬구나. 네 말은, (　　　　　　　　)했다는거지?
네가 (　　　　　　　　　　　)했겠구나.
참, 그런데 (　　　　　　) 알아?

꿀팁!

친구들과 대화할 때 혼자만 말하는 건 실례예요. 똑같은 내용을 되풀이하여 말하거나 의미 없는 말을 반복하지 않도록 주의하세요. 듣는 사람을 고려하여 말하는 습관을 들이기로 해요.

친구의 실수로 우리 모둠이 졌을 때

1. 가만히 떠올려요

우리 모둠이 다 이긴 경기였는데, 한 친구가 실수하는 바람에 우리 모둠이 졌어요.
이럴 때 그 친구에게 뭐라고 말할 건가요?

66   99

2. 곰곰이 생각해요

모둠 대항 경기에서 지면 정말 속상해요. 나는 잘했는데, 친구 때문에 지면 화나기도 하죠.
속상한 친구에게 말하기 전 어떤 것들을 생각해 봐야 할지 적어 보세요.

① 실수한 친구의 기분은 어떨까?

② 내가 실수를 했다면 기분이 어땠을까?

③ 실수한 친구가 듣고 싶은 말은 무엇일까?

④

3. 찬찬히 연습해요

친구의 실수로 우리 모둠이 졌을 때 어떻게 말해야 할지 준비가 됐어요. 친구의 마음과 내가
하고 싶은 말을 정리하여 말하기 연습을 해 보세요.

예) 우리 모둠이 져서 너도 많이 속상하지?
다음에 잘하면 되지 뭐!

꿀팁!

친구가 너무 원망스럽고, 화가 나서 도저히 친구에게 친절하게 말할 자신이
없다면, 마음이 가라앉을 때까지 친구와 아무 말도 안 하는 것도 좋은 방법이
에요.

한 친구 때문에 모둠 활동이 늦어질 때

1. 가만히 떠올려요

선생님께서 모둠 친구들이 문제를 다 풀면, 자유 활동을 하라고 하셨어요. 그런데 한 친구가 엄청나게 늦게 문제를 풀어요.
이럴 때 그 친구에게 뭐라고 말할 건가요?

66   99

2. 곰곰이 생각해요

친구가 다 마치기만을 기다리고 있는데, 늦어지면 조바심이 날 거예요. 열심히 하고 있는 친구에게 말하기 전 어떤 것들을 생각해 봐야 할지 적어 보세요.

① 내가 다른 친구들을 기다리게 한 적은 없을까?

② 친구가 문제를 늦게 푸는 다른 이유가 있을까?

③ 친구들이 나만 쳐다보고 있다면 기분이 어떨까?

④

3. 찬찬히 연습해요

한 친구 때문에 모둠 활동이 늦어질 때 말할 준비가 됐어요. 친구의 마음과 내가 하고 싶은 말을 정리하여 말하기 연습을 해 보세요.

> 예) (   )아/야, 내가 조금 도와줄까?

"   "

 꿀팁! 모둠 친구들이 자기를 원망한다고 생각하면, 더 긴장하고 불안해서 문제 풀이에 집중할 수 없어요. 친구가 문제 풀이에만 집중할 수 있도록 조용히 기다려 주거나, 도움이 필요한지 물어보세요.

친구가 임원 선거에서 떨어졌을 때

1. 가만히 떠올려요

친한 친구가 임원 선거에 나갔다가 떨어졌어요. 친구가 온종일 말도 안 하고, 책상에 엎어져서 울고 있어요.
이럴 때 뭐라고 말할 건가요?

" "

2. 곰곰이 생각해요

친구가 기대했던 일을 이루지 못해 많이 실망스럽고 슬픈가 봐요. 슬플 땐 똑같은 말도 민감하게 받아들일 수 있으니, 친구에게 말하기 전 어떤 것들을 생각해 봐야 할지 적어 보세요.

① 내가 만약 임원 선거에 떨어졌다면 기분이 어떨까?

② 그럴 때 내가 친구들에게 듣고 싶은 말은 무엇일까?

③ 친구 스스로 마음을 다독이도록 두는 것이 좋을까?

④

3. 찬찬히 연습해요

임원 선거에서 떨어진 친구에게 말할 준비가 됐어요. 친구의 마음을 헤아리고, 내가 하고 싶은 말을 정리하여 말하기 연습을 해 보세요.

예) 네가 임원 선거에 나가려고 준비 많이 한 거 알아. 정말 실망스럽겠다.
그래도 난 임원 선거에 도전한 네가 참 멋있어.

꿀팁! 나와 친한 친구가 임원 선거에서 떨어졌다고, 임원이 된 친구를 헐뜯으면 안돼요. 선거 결과를 존중하고, 반 친구들과 함께 뽑은 임원은 반을 대표하는 친구라는 걸 잊지 마세요.

친구가 수업 시간에 자꾸 말을 걸 때

1. 가만히 떠올려요

나랑 친한 짝꿍이 수업 시간에 자꾸 말을 걸어요. 수업에 집중도 안 되고, 선생님과 친구들의 눈치도 보여요.
이럴 때 뭐라고 말할 건가요?

2. 곰곰이 생각해요

수업 시간에 친구와 떠들면 안 되는 건 잘 알지요? 하지만 친구의 마음을 상하게 하고 싶지 않아서 망설일 수도 있어요. 친구에게 말하기 전 어떤 것들을 생각해 봐야 할지 적어 보세요.

① 친구가 말을 거는 이유는 무엇일까?

② 그 말이 꼭 수업 중에 해야 하는 내용일까?

③ 내가 만약 나중에 말하자고 하면 친구가 삐질까? 그러면 나는 어떻게 하는 것이 좋을까?

④

3. 찬찬히 연습해요

자꾸 수업 시간에 말을 거는 친구에게 말할 준비가 됐어요. 걱정되는 점과 어떻게 하고 싶은 지를 잘 생각한 다음, 친구에게 뭐라고 말할지 연습해 보세요.

예) (친구 이름)아/야, 나도 너랑 이야기하는 게 참 좋아.
그런데 수업 시간에 떠들면 안 되잖아.
우리 쉬는 시간에 더 재밌게 이야기하자.

옳지 않다고 생각하는 일은 단호하게 거절할 필요가 있어요. '단호하다'는 '결심이나 태도, 입장 등이 흔들림 없이 엄격하고 분명하다'는 뜻이에요. 화를 내면서 말할 필요는 없고, 눈을 바라보고 차분하게 말하면 돼요.

친구가 내 외모를 놀릴 때

1. 가만히 떠올려요

친구들이 내 외모를 보고 놀려요. 나는 너무 기분이 나빠요.
이럴 때 뭐라고 말할 건가요?

" 　　　　　　　　　　　　　　　　　　　"

2. 곰곰이 생각해요

외모를 평가하거나 놀리는 건 정말 큰 실례예요. 내 외모를 놀리는 친구에게 말하기 전 어떤 것들을 생각해 봐야 할지 적어 보세요.

① 내가 기분이 나쁜 이유는 정확히 무엇일까?

② 외모에 대해서 칭찬하는 건 괜찮을까?

③ 외모에 대해 말하면 안 되는 까닭은 무엇일까?

④

3. 찬찬히 연습해요

내 외모를 놀리는 친구에게 말할 준비가 됐어요. 내 생각과 마음을 정리하여 말하기 연습을 해 보세요.

예) 내 외모에 관해 이야기하지 마. 불쾌해.

 외모 평가는 상대방을 전혀 배려하지 않는 행동이에요. 나를 물건처럼 평가하는 사람의 말은 무시하세요. 그리고 불쾌하다는 뜻을 꼭 단호하게 전하세요.

친구가 나에게 욕할 때

1. 가만히 떠올려요

반 친구가 나 때문에 기분이 나쁘다며 욕을 했어요.
이럴 때 뭐라고 말할 건가요?

"　　　　　　　　　　　　　　　　　　　　"

2. 곰곰이 생각해요

친구가 나에게 욕하면 나도 그 친구에게 욕을 하고 싶어질 수도 있어요. 하지만, 서로 욕을 하다 감정이 격해지면 몸싸움으로 번질 수도 있어요. 속상한 내 마음을 친구에게 말하기 전 어떤 것들을 생각해 봐야 할지 적어 보세요.

① 친구가 나에게 욕을 한 이유가 무엇일까?

② 내가 욕을 하면 친구는 어떻게 반응할까?

③ 욕을 한 친구에게 뭐라고 말해야 친구가 더 화내지 않을까?

④

3. 찬찬히 연습해요

나에게 욕을 한 친구에게 말할 준비가 됐어요. 생각과 마음을 정리하여 말하기 연습을 해 보세요.

예) 욕을 들으니 당황스럽고 기분이 나빠.
욕은 쓰지 말고 왜 기분이 상했는지 말해 줘.

욕을 하는 사람이 강해 보이나요? 절대 아니에요. 자기의 감정을 잘 다스리지도 못하고, 알맞은 단어로 표현하지도 못하는 부족한 사람이에요. 욕은 자신의 가치를 떨어뜨린다는 걸 꼭 기억하세요.

친구가 허락 없이 내 물건을 빌려 갈 때

1. 가만히 떠올려요

분명히 필통에 넣어 둔 풀이 사라져서 한참 찾았는데, 친구가 쓰고 있어요.
이럴 때 뭐라고 말할 건가요?

66   99

2. 곰곰이 생각해요

물건을 빌릴 땐 주인의 허락을 받아야 해요. 말도 하지 않고 내 물건을 가져간 친구에게 말하기 전 어떤 것들을 생각해 봐야 할지 적어 보세요.

① 친구는 왜 내 물건을 허락 없이 가져갔을까?

② 친구가 만약 물건을 빌려달라고 했으면 빌려줬을까?

③ 내가 만약 친구의 물건을 허락 받지 않고 썼다면 친구는 뭐라고 할까?

④

3. 찬찬히 연습해요

허락 없이 내 물건을 빌려 간 친구에게 말할 준비가 됐어요. 생각과 마음을 정리하여 말하기 연습을 해 보세요.

예) 갑자기 (물건)이/가 없어져서 한참 찾았어.
내 물건이 필요하면 나에게 꼭 물어봐 줘.

지우개나 연필 같은 사소한 물건이라서 그냥 쓰거나, 말없이 가져가서 써도 된다고 생각하면 안 돼요. 습관이 될 수 있거든요. 아무리 작은 것이라도 다른 사람의 물건을 허락 없이 쓰는 건 실례입니다.

친구가 새치기할 때

1. 가만히 떠올려요

손을 씻으려고 줄을 섰는데 한 아이가 순서를 기다리지 않고 내 앞에 끼어들었어요.
이럴 때 뭐라고 말할 건가요?

"   "

2. 곰곰이 생각해요

새치기한 아이가 친한 친구라면, 순서를 지키라고 말하기가 어려울 수 있어요. 친구에게 말하기 전 어떤 것들을 생각해 봐야 할지 적어 보세요.

① 친구가 새치기 하는 모습을 봤을 때 내 마음이 어땠을까?

② 새치기가 나쁜 이유는 무엇일까?

③ '친구니까 괜찮아'라고 넘어가도 될까?

④

3. 찬찬히 연습해요

나도 한참 기다렸는데 갑자기 친구가 끼어들면 당연히 마음이 좋지 않죠. 이제 새치기한 친구에게 말할 준비가 됐어요. 생각과 마음을 정리하여 할 말을 연습해 보세요.

예) 여기 있는 친구들 모두 기다리고 있어. 너도 차례대로 줄을 서 줘.

꿀팁! '새치기'는 순서를 어기고 남의 자리에 슬며시 끼어드는 행동을 말해요. 줄을 서서 기다리는 다른 친구에게 피해를 주고, 규칙을 어기는 행동이므로 단호하게 안 된다고 말하세요.

내 험담을 하는 친구가 있을 때

1. 가만히 떠올려요

친구가 내 험담을 하고 다니는 걸 알게 됐어요. 너무 속상하고 화도 나요.
이럴 때 뭐라고 말할 건가요?

"

"

2. 곰곰이 생각해요

나에 관해 나쁘게 이야기하는 친구가 있다는 걸 알게 되면, 화가 날 거예요. 하지만 최대한 차분히 생각하고 해결해야 해요. 친구에게 말하기 전 어떤 것들을 생각해 봐야 할지 적어 보세요.

① 혹시 내가 잘못한 일이 있을까?

② 내가 잘못한 일이 없다면 친구는 왜 내 험담을 할까?

③ 다른 친구들을 험담하는 건 왜 나쁜 일일까?

④

3. 찬찬히 연습해요

내 험담을 하는 친구에게 말할 준비가 됐어요. 생각과 마음을 정리하여 말하기 연습을 해 보세요.

예) 네가 친구들에게 (험담의 내용)라고 했다고 들었어.
섭섭한 게 있으면 나한테 직접 말해 줬으면 좋겠어.

 나를 험담하는 친구에게 여러분의 마음을 침착하면서도 단호하게 이야기하세요. "나는 네가 나에 대해 이렇게 생각하고 말하는 것이 싫어"라고 말하고 왜 그런 말을 하는지, 친구가 잘못 알고 있는 부분은 없는지 확인하는 과정도 필요해요.

친구가 자기 고집만 내세울 때

1. 가만히 떠올려요

자기 하고 싶은 대로만 하려고 하는 친구가 있어요. 오늘도 이 친구는 자기가 하고 싶은 놀이만 하고, 내 말은 안 들어요.
이럴 때 뭐라고 말할 건가요?

"

"

2. 곰곰이 생각해요

자기 고집만 내세우는 친구랑 잘 지내기 위해 그냥 친구 뜻에 따르기만 하면 안 돼요. 건강한 친구 관계를 맺을 수 없거든요. 친구에게 말하기 전 어떤 것들을 생각해 봐야 할지 적어 보세요.

① 친구는 왜 고집을 부릴까?

② 친구가 고집을 부릴 때 내 마음이 어떨까?

③ 고집부리는 친구와 계속 친구를 할 수 있을까?

④

3. 찬찬히 연습해요

자기 고집만 내세우는 친구에게 말할 준비가 됐어요. 생각과 마음을 정리하여 말하기 연습을 해 보세요.

예) 네 생각도 좋은걸?
이번엔 내 의견도 좀 들어 봐 줘.

"

"

친구의 의견에 따르기만 한다고 좋은 친구가 되는 건 아니에요. 서로의 입장을 이해하고, 다른 의견을 존중하는 태도가 필요해요. 친구가 말하는 동안에는 고개를 끄덕이거나 "그렇구나"라고 말하면서 잘 듣고 있다는 것을 나타내 주세요.

친구가 빌려 간 물건을 안 돌려줄 때

1. 가만히 떠올려요

친구가 지난번에 빌려 간 내 색연필을 안 돌려줘요.

이럴 때 뭐라고 말할 건가요?

2. 곰곰이 생각해요

빌려준 물건은 얼른 돌려받는 게 좋아요. 시간이 흐르면 그 친구가 잃어버릴 수도 있고, 물건이 망가질 수도 있거든요. 친구에게 말하기 전 어떤 것들을 생각해 봐야 할지 적어 보세요.

① 나에게 그 물건이 당장 필요한가?

② 친구가 빌려 간 물건을 돌려 주지 않는 이유가 혹시 있을까?

③ 친구가 나에게 언제까지 물건을 돌려주면 좋을까?

④

3. 찬찬히 연습해요

빌려 간 물건을 돌려주지 않는 친구에게 말할 준비가 됐어요. 생각과 마음을 정리하여 말하기 연습을 해 보세요.

> 예) 내 (   )은/는 가져왔어?
> 내일까지는 돌려줘. 내일은 (   )을/를 꼭 써야 하거든.

꿀팁!

여러분이 소중하게 여기거나 값비싼 물건은 빌려주지 마세요. 빌려 간 사람은 여러분처럼 그 물건을 소중하게 다루지 않을 수도 있고, 잃어버릴 수도 있어요. 빌려 간 물건을 계속 돌려주지 않으면, 어른들께 상황을 말씀드리세요.

친구가 나쁜 일을 같이 하자고 할 때

1. 가만히 떠올려요

점심시간에 운동장에서 놀고 있는데, 친구가 잠깐 학교 밖에 나갔다가 오자고 해요.
이럴 때 뭐라고 말할 건가요?

2. 곰곰이 생각해요

친구가 같이 하자고 하는 일이 얼핏 보기엔 재미있어 보여도, 자칫 나쁜 결과를 불러올 수 있어요. 나쁜 짓을 하자고 하는 친구에게 말하기 전 어떤 것들을 생각해 봐야 할지 적어 보세요.

① 친구가 하자고 하는 일을 망설이는 이유는 무엇일까?

② 그 일이 나쁜 행동인지 아닌지 어떻게 알 수 있을까?

③ 친구가 하자는 일을 같이 하면 어떤 일이 생길까?

④

3. 찬찬히 연습해요

나쁜 일을 하자고 하는 친구에게 말할 준비가 됐어요. 생각을 정리하여 말하기 연습을 해 보세요.

예) 안 돼. 그건 안 좋은 행동이야. 난 안 할 거야.

"

함께 나쁜 일을 하지 않는다고 친구가 '겁쟁이', '배신자', '소심한 아이'라고 놀릴 수도 있어요. 하지만 규칙을 지키고, 옳은 일을 하는 사람이 정말 용기 있는 사람이랍니다. 계속 같이 나쁜 일을 하자고 하는 친구가 있으면 주변 어른들에게 도움을 요청하세요.

친구가 다른 친구에 대한
잘못된 소문을 퍼뜨릴 때

1. 가만히 떠올려요

친구가 다른 친구에 대해 잘못된 소문을 퍼뜨리고 다닌다는 걸 알게 됐어요.

이럴 때 뭐라고 말할 건가요?

2. 곰곰이 생각해요

친구가 정확하지 않은 사실이나 거짓 소문을 퍼뜨리면 어떤 일이 일어날까요? 잘못된 이야기를 하고 다니는 친구에게 말하기 전 어떤 것들을 생각해 봐야 할지 적어 보세요.

① 소문의 잘못된 부분은 무엇일까?

② 잘못된 소문이 나쁜 이유는 무엇일까?

③ 만약 친구가 소문을 듣게 된다면 기분이 어떨까?

④

3. 찬찬히 연습해요

잘못된 소문을 말하고 다니는 친구에게 말할 준비가 됐어요. 생각을 정리하여 말하기 연습을 해 보세요.

예) (친구 이름)아/야, 그 소문은 사실이 아니야.
여기에 없는 사람 이야기는 안 하는 게 좋겠어.

잘못된 소문은 소문의 주인공뿐 아니라 소문을 말한 사람, 소문을 들은 사람 모두에게 심각한 피해를 줘요. 소문을 들었다면, 그 소문을 더는 퍼뜨리지 않겠다고 결심하세요. 심각한 내용은 선생님이나 부모님께 말씀드리는 게 현명해요.

말하고 싶지 않은 내용을
친구가 자꾸 물어볼 때

1. 가만히 떠올려요

나만 알고 싶은 일이 있어요. 그런데 친구가 자꾸 무슨 일이냐고 물어봐서 곤란해요.
이럴 때 뭐라고 말할 건가요?

"　　　　　　　　　　　　　　　　　　　　　　　"

2. 곰곰이 생각해요

비밀로 하고 싶은 일은 아무에게도 말하지 않는 게 좋아요. 내 비밀을 자꾸 물어보는 친구에게 거절을 할 때 어떤 것들을 생각해 봐야 할지 적어 보세요.

① 나는 왜 이 일을 말하고 싶지 않을까?

② 친구는 왜 내 비밀을 알고 싶어 할까?

③ 내가 만약 친구에게 비밀을 말하면 어떤 일이 벌어질까?

④

3. 찬찬히 연습해요

말하고 싶지 않은 내용을 자꾸 물어보는 친구에게 말할 준비가 됐어요. 생각을 정리하여 말하기 연습을 해 보세요.

예) (친구 이름)아/야, 그건 말하고 싶지 않아.
다른 이야기 할까? (혹은 주제를 돌려서 "그런데, 이번 주말에 뭐 할 거야?")

친구에게 말하고 싶지 않다는 것을 분명히 말하고, 양해를 구해요. 그리고 여러분도 다른 사람의 사생활을 존중하는 태도를 나타내야겠지요?

온라인에서 모르는 사람이 말을 걸 때

1. 가만히 떠올려요

SNS에서 모르는 사람이 나에게 말을 걸었어요. 나를 팔로우하고, 나랑 친해지고 싶다고 메시지를 보냈어요.
이럴 때 뭐라고 말할 건가요?

2. 곰곰이 생각해요

온라인에서 만나는 사람은 누구인지 모르고, 그 말이 사실인지 확인하기가 어려우므로 매우 조심해야 해요. 이럴 때는 어떤 것들을 생각해 봐야 할지 적어 보세요.

① 이 사람은 왜 나에게 말을 걸었을까?

② 내가 이 사람을 믿어도 될까?

③ 내 개인정보를 잘 지키려면 어떻게 해야 할까?

④

3. 찬찬히 연습해요

온라인에서 모르는 사람이 흥미로운 질문을 하거나 칭찬을 하더라도 대답하지 않는 것이 가장 안전해요. 그래도 예의 바르게 대화를 거절하고 싶다면, 어떻게 말할지 연습해 보세요.

예) 죄송합니다. 부모님께 여쭤보고 다시 말씀드리겠습니다.

꿀팁!

온라인에서 만난 사람이 자기의 이름, 사는 곳, 학교 이름 등 개인 정보를 알려 주더라도 절대 믿지 마세요. 인터넷에서는 얼마든지 자신을 숨기고, 다른 사람인 척할 수 있으니까요. 마찬가지로 상대방이 내 개인 정보를 꼬치꼬치 캐물어도 절대로 대답해 주면 안 돼요!

친구가 허락 없이 내 사진을 찍을 때

1. 가만히 떠올려요

친구가 허락도 받지 않고 내 모습을 사진으로 찍었어요. 내가 멋져 보여서 찍었다면서 내 사진을 저장까지 했네요.
이럴 때 뭐라고 말할 건가요?

"　　　　　　　　　　　　　　　　　　　　　"

2. 곰곰이 생각해요

내 모습은 소중한 개인 정보라는 사실을 기억하면서, 친구에게 말하기 전 어떤 것들을 생각해 봐야 할지 적어 보세요.

① 친구가 내 사진을 가지고 있다면 기분이 좋을까?

② 허락 없이 사진을 찍는 것이 예의 바른 행동일까?

③ 만약 내가 친구의 사진을 허락 없이 찍는다면 친구는 뭐라고 할까?

④

3. 찬찬히 연습해요

허락 없이 내 사진을 찍은 친구에게 말할 준비가 되었어요. 자신의 생각과 느낌을 정리하여 말하기 연습을 해 보세요.

예) 허락 없이 내 사진을 찍으니까 마음이 불편해.
내 사진을 삭제해 줄래? 부탁할게.

꿀팁!

친구에게 단호하게 이야기하기 어려울 수 있어요. 하지만 개인 정보는 안전에 영향을 주는 정말 중요한 문제예요. 허락 없이 내 사진을 찍는 게 싫다는 뜻을 분명히 전하되, "미안하지만…", "부탁할게" 등의 말을 사용해서 정중하게 이야기하세요.

친구와 내가 하고 싶은 놀이가 다를 때

1. 가만히 떠올려요

친구랑 놀기로 했는데, 서로 하고 싶은 놀이가 달라요.
이럴 때 뭐라고 말할 건가요?

66   99

2. 곰곰이 생각해요

때로는 서로가 하고 싶은 놀이가 달라서 고민이 되기도 하지요. 친구에게 말하기 전 어떤 것들을 생각해 봐야 할지 적어 보세요.

① 두 개의 놀이를 모두 할 수 있는 방법이 있을까?

② 내가 하고 싶은 놀이는 어떤 점이 재미있을까?

③ 혹시 친구과 내가 모두 만족할 수 있는 다른 놀이가 있을까?

④

3. 찬찬히 연습해요

나와 하고 싶은 놀이가 다른 친구에게 말할 준비가 되었어요. 자신의 생각과 느낌을 정리하여 말하기 연습을 해 보세요.

> 예) 우리 둘 다 재미있게 놀고 싶잖아?
> 같이 무슨 놀이를 할지 정해 보자.

꿀팁! 내 의견을 고집하는 것도 나쁘지만, 친구의 의견에 무조건 따르는 것도 좋은 방법은 아니에요. 지난번에는 친구의 뜻에 따랐다면, 이번에는 내 뜻대로 하는 방식으로 서로 양보하여 침착하게 의논해 보세요.

길을 잃어서 도움을 요청할 때

1. 가만히 떠올려요

평소 엄마랑 다닌 길이라 익숙한 줄 알았는데, 혼자 가다가 길을 잃었어요.
도움을 요청할 때 뭐라고 말할 건가요?

"

2. 곰곰이 생각해요

길을 잃었을 때는 불안하고 겁이 나요. 그럴수록 침착해야 한다는 걸 명심하고, 주변 어른들에게 도움을 청하기 전 어떤 것들을 생각해 봐야 할지 적어 보세요.

① 나는 어디로 가려고 했을까?

② 부모님 전화번호가 기억나거나 따로 적어 둔 것을 가지고 있을까?

③ 누구에게 도움을 요청하는 것이 좋을까?

④

3. 찬찬히 연습해요

길을 잃었을 땐 내가 있는 곳이 안전한지 살핀 후 그 자리에 멈추어 서서 경찰에게 도움을 요청하는 게 가장 좋아요. 하지만 경찰서를 찾기 어려울 땐 가까운 가게에 들어가서 도와 달라고 말해요. 다음을 정리하여 말하기 연습을 해 보세요.

예) 안녕하세요? 제가 길을 잃었어요. 우리 부모님께 전화 좀 해 주실래요?

" "

  초등학교 주변에는 어린이들이 쉽게 찾을 수 있는 편의점, 약국, 문구점 등에 '아동안전지킴이집'이 있어요. 이런 표지판이 보이면 안심하고 들어가서 도움을 요청하세요.

모둠 역할을 정할 때

1. 가만히 떠올려요

통합 시간에 모둠 친구들과 같이 작품을 만들기로 했어요.
모둠 역할을 정할 때 뭐라고 말할 건가요?

2. 곰곰이 생각해요

모둠 친구들과 협동해야 할 때는 역할을 잘 정하는 게 중요해요. 친구들에게 말하기 전 어떤 것들을 생각해 봐야 할지 적어 보세요.

① 모둠 작품을 만들 때 내가 잘 할 수 있는 일은 무엇일까?

② 다른 친구들이 잘할 수 있는 일은 무엇일까?

③ 서로 하고 싶은 것이 겹칠 때 어떻게 역할을 나누는 것이 좋을까?

④

3. 찬찬히 연습해요

모둠 역할을 정할 때는 서로의 장점과 하고 싶은 역할을 고려할 필요가 있다는 점을 생각하며 말하기 연습을 해 보세요.

예) 각자 하고 싶은 역할이나 잘할 수 있는 걸 말해 볼까?
같이 이야기해서 공평하게 역할을 나누어 보자.

꿀팁! 모둠 친구들과 함께 하나의 작품을 완성해야 할 땐, 함께 상의해서 '우리 마을 지도를 정확하게 그리기'와 같이 목표를 명확히 정하는 게 좋아요. 그 후에 각자의 의견을 들어 보고, 장점과 선호도를 고려해서 역할을 나누어 보세요.

준비물을 안 가져왔을 때

1. 가만히 떠올려요

알림장에 적은 준비물을 챙겨 오는 걸 깜빡했어요.

이럴 때 선생님께 뭐라고 말할 건가요?

"

"

2. 곰곰이 생각해요

준비물을 가져오지 않았을 땐 불안하고 당황스러울 수 있어요. 선생님께 말하기 전 어떤 것들을 생각해 봐야 할지 적어 보세요.

① 준비물이 없는데 수업에 참여하려면 어떻게 해야 할까?
② 혹시 선생님이 도와주실 수 있는 부분이 있을까?
③ 앞으로 준비물을 잘 챙기려면 어떻게 해야 할까?

④

3. 찬찬히 연습해요

준비물을 안 가져왔을 때 선생님께 말씀드릴 준비가 되었어요. 생각을 정리하여 말하기 연습을 해 보세요.

예) 선생님, 죄송해요. 준비물을 깜빡하고 안 챙겨 왔어요.
    혹시 제가 쓸 수 있는 (준비물)이/가 교실에 있을까요?

“   ”

실수한 점은 인정하고 솔직하고 예의 바르게 선생님께 말씀드리는 게 가장 좋아요. 선생님은 여러분을 도와줄 준비를 하고 있답니다. 준비물을 안 가져와 놓고 짜증을 부리거나 부모님이 챙겨 주지 않았다며 핑계를 대면 안 되겠지요?

친구가 자꾸 트집을 잡을 때

1. 가만히 떠올려요

나를 못마땅하게 여기고 이유 없이 내 의견에 딴지를 거는 친구가 있어요.
자꾸 트집을 잡는 친구에게 뭐라고 말할 건가요?

66   99

2. 곰곰이 생각해요

나를 트집 잡는 친구가 있으면, 화도 나고 신경도 많이 쓰일 거예요. 그런 친구에게 말하기 전 어떤 것들을 생각해 봐야 할지 적어 보세요.

① 친구가 나를 트집 잡는 이유가 무엇일까?

② 친구가 나를 트집 잡을 때 내 기분은 어떨까?

③ 만약 내가 친구의 트집을 잡으면 어떤 일이 일어날까?

④

3. 찬찬히 연습해요

자꾸 나를 트집 잡는 친구에게 말할 준비가 되었어요. 생각을 정리하여 말하기 연습을 해 보세요.

예) 자꾸 내 트집을 잡는 이유가 궁금해.
왜 그러는지 얘기해 줄래? 내가 고칠 점이 있으면 고쳐 볼게.

 이유 없이 내 말과 행동에 딴지 거는 친구가 있으면 침착하게 말하기가 어려워요. 하지만 화를 내면 감정만 나빠질 뿐이에요. 침착하게 '너는 나를 트집 잡지만, 나는 너를 존중한다'는 태도를 나타내는 사람이 진짜 멋진 어린이랍니다.

친구가 주제에 안 맞는 이야기를 자꾸 할 때

1. 가만히 떠올려요

모둠 친구들과 과제에 관해 이야기하는 시간인데, 한 친구가 자꾸 딴 얘기를 해서 과제를 할 수가 없어요.
주제에 안 맞는 이야기를 자꾸 하는 친구에게 뭐라고 말할 건가요?

2. 곰곰이 생각해요

함께 해결할 일이 있는데, 주제에 벗어난 말을 하면 마음이 조급해질 수 있어요. 친구에게 말하기 전 어떤 것들을 생각해 봐야 할지 적어 보세요.

① 친구가 자꾸 딴 얘기를 하는 이유가 뭘까?

② 지금 우리 모둠이 당장 해야 할 일은 뭘까?

③ 친구가 혹시 원하는 것이 있을까?

④

3. 찬찬히 연습해요

자꾸 주제에 안 맞는 이야기를 하는 친구에게 말할 준비가 되었어요. 생각을 정리하여 말하기 연습을 해 보세요.

예) (친구 이름)아/야, 네 이야기가 재미있긴 한데,
우리 먼저 과제를 끝내고 마저 이야기할까?

모둠 친구들과 과제를 잘 해결하려면, 친구들의 기분을 생각하는 것이 중요해요. 감정이 편안해야 일도 잘되거든요. 친구가 자꾸 딴 이야기를 하는 이유가 모둠 과제에 집중하기 어려워서인지, 주제에 흥미가 없어서인지, 주목받고 싶은 마음인지 헤아려 보세요.

친구가 벌컥 나에게 화를 낼 때

1. 가만히 떠올려요

친구랑 이야기를 하는데 갑자기 나에게 화를 내요. 친구가 왜 화가 났는지 잘 모르겠어요.
이럴 때 뭐라고 말할 건가요?

66   99

2. 곰곰이 생각해요

뜬금없이 친구가 나에게 화를 내면, 많이 놀라고 당황스러울 거예요. 친구에게 말하기 전 어떤 것들을 생각해 봐야 할지 적어 보세요.

① 친구는 갑자기 왜 나에게 화를 냈을까?

② 나는 친구 때문에 화가 났는데, 친구는 그 사실을 몰랐을 때가 있었나?

③ 내가 친구에게 갑자기 화를 내면 친구는 어떻게 행동할까?

④

3. 찬찬히 연습해요

나에게 갑자기 벌컥 화를 내는 친구에게 말할 준비가 되었어요. 생각을 정리하여 말하기 연습을 해 보세요.

예) (친구 이름)아/야, 무슨 일이야?
네가 왜 화가 났는지 알려 줘. 내가 잘못한 게 있으면 사과하고 싶어서 그래.

꿀팁!
화난 이유를 말하지 않고 벌컥 화를 내는 건 친구의 실수가 맞아요. 하지만 나도 모르게 친구를 화나게 했을 수도 있으니, 친구를 탓하기 전에 내 말과 행동을 되돌아보는 태도를 가지는 것이 좋아요.

친구가 내 실수를 자꾸 들출 때

1. 가만히 떠올려요

친구가 내가 예전에 실수한 일을 말하면서 깔깔 웃어요. 내 실수를 들춰서 말하는 친구한테 너무 화가 나요.
이럴 때 뭐라고 말할 건가요?

66   99

2. 곰곰이 생각해요

나는 떠올리고 싶지 않은 일을 친구가 재미있다는 듯 말하면 화가 나죠. 나의 실수나 약점을 웃으며 말하는 친구에게 내가 하고 싶은 말을 하기 전 어떤 것들을 생각해 봐야 할지 적어 보세요.

① 왜 친구는 내 실수를 자꾸 들출까?

② 내가 만약 친구에게 그 일로 화를 내면 친구는 어떻게 반응할까?

③ 친구의 실수를 들추는 것이 옳은 일일까?

④

3. 찬찬히 연습해요

자꾸 내 실수를 들춰서 말하는 친구에게 말할 준비가 되었어요. 생각을 정리하여 말하기 연습을 해 보세요.

예) (친구 이름)아/야, 그 일을 생각하면 난 아직 부끄럽고 속상해.
앞으로는 그 얘기를 하지 않았으면 좋겠어.

 꿀팁!

다른 사람은 내가 이야기하지 않으면, 내 마음을 잘 몰라요. 친구는 그저 재미 삼아 나의 실수를 이야기한 것뿐 상처를 주려는 의도는 없었을지도 모르니, 친구에게 내 기분을 솔직하게 말하고 바라는 점을 침착하게 이야기하세요.

수업 시간에 화장실에 가고 싶을 때

1. 가만히 떠올려요

쉬는 시간에 친구들이랑 노느라 화장실에 안 갔어요. 그런데 수업 시간이 되니 화장실에 너무 가고 싶어요.
이럴 때 뭐라고 말할 건가요?

66   99

2. 곰곰이 생각해요

수업 시간 중에 선생님에게 화장실을 간다고 말하는 것이 창피할 수 있어요. 하지만 전혀 부끄러운 일이 아니니 선생님께 말씀드려도 됩니다. 선생님께 말하기 전 어떤 것들을 생각해 봐야 할지 적어 보세요.

① 말하기 어려워서 계속 참으면 무슨 일이 일어날까?

② 큰 소리로 화장실에 가고 싶다고 말해도 될까?

③ 쉬는 시간에 화장실에 다녀와야 하는 이유는 무엇일까?

④

3. 찬찬히 연습해요

수업 시간에 화장실에 가고 싶을 때 말할 준비가 되었어요. 생각을 정리하여 말하기 연습을 해 보세요.

예) (조용히 손을 들거나 선생님께 다가가서 작은 소리로)
선생님, 저 화장실에 가고 싶어요. 쉬는 시간에 못 갔어요. 죄송해요.

꿀팁!

쉬는 시간에 화장실에 미리 가는 습관을 들이세요. 수업 중에 화장실에 가면 선생님과 친구들이 수업에 집중하기 어렵고, 여러분은 수업 중에 중요한 내용을 놓칠 수도 있어요. 다른 사람에게 피해를 주지 않고, 규칙을 지키는 태도를 익히도록 하세요.

수업 시간에 아플 때

1. 가만히 떠올려요

아침에 일어나서 기운이 없더니, 수업 시간이 되니까 앉아 있는 게 힘들 정도로 아파요.
이럴 때 뭐라고 말할 건가요?

66   99

2. 곰곰이 생각해요

아프면 침착하게 행동하기가 어려워요. 그래서 갑자기 아프면 어떻게 하면 좋을지 미리 생각해 두는 게 좋아요. 선생님에게 말하기 전 어떤 것들을 생각해 봐야 할지 적어 보세요.

① 내가 정확히 아픈 곳이 어디일까?

② 내가 아픈 것을 선생님께 언제 말씀드리는 것이 좋을까?

③ 선생님이 나에게 어떻게 해 주면 좋을까?

④

3. 찬찬히 연습해요

수업 시간에 아플 때 말할 준비가 되었어요. 무턱대고 아프다고 말하면 선생님도 어떻게 도와주어야 할지 고민하게 돼요. 생각을 정리하여 말하기 연습을 해 보세요.

예) (조용히 손을 들거나 선생님께 다가가서 작은 소리로)
선생님, 저 (아픈 부위)이/가 아파요.

아플 땐 정확히 어디가 얼마나 어떻게 아픈지 잘 느껴서 말씀드리는 게 중요해요. "아침부터 기운이 없었는데, 지금은 머리가 어지러워서 앉아 있기가 힘들어요"와 같이 정확히 말씀드려요. 그래야 담임 선생님이나 보건 선생님께서 잘 도와주실 수 있답니다.

친구가 내 의견에 반대할 때

1. 가만히 떠올려요

내 말에 반대부터 하는 우리 반 친구가 있어요. 오늘도 의견을 말했더니 귀 기울여 들어 보지도 않고 싫다고 해요.
이럴 때 뭐라고 말할 건가요?

"

2. 곰곰이 생각해요

내 말을 잘 듣지도 않고 반대하는 친구에게는 차분히 말하기 어려울 거예요. 침착한 마음으로, 친구에게 말하기 전 어떤 것들을 생각해 봐야 할지 적어 보세요.

① 친구가 반대하는 이유가 뭘까?

② 내가 어떻게 말하면 친구가 잘 들을까?

③ 내가 친구의 입장이라면 뭐라고 말했을까?

④

3. 찬찬히 연습해요

내 의견을 잘 듣지도 않고 반대하는 친구에게 말할 준비가 되었어요. 생각을 정리하여 말하기 연습을 해 보세요.

예) 아직 말이 안 끝났는데 네가 반대하니까 당황스러워.
이번엔 그럼 네 의견부터 들어 보자.

"

"

친구가 내 말을 잘 안 들으면 무시당하는 기분이 들어서 화가 날 수 있어요. 하지만 여러분이 먼저 친구에게 자기 생각을 말할 기회를 주고, 귀 기울여 들어 주세요. 그러면 친구도 여러분의 말을 잘 들어 줄 거예요.

친구가 내 메시지를 읽고 답을 안 할 때

1. 가만히 떠올려요

발표 준비를 하려고 친구랑 내일 만나기로 했어요. 약속 장소를 정하지 않은 게 생각나서 메시지를 보내고 계속 기다려도 답이 없어요. 분명 읽었는데 말이죠.
이럴 때 뭐라고 메시지를 보낼래요?

66　　　　　　　　　　　　　　　　　　　　99

2. 곰곰이 생각해요

메시지를 보냈는데, 친구가 읽고 답을 안 하면 기분이 나쁠 수 있어요. 속상한 마음을 친구에게 말하기 전 어떤 것들을 생각해 봐야 할지 적어 보세요.

① 친구가 답을 보내지 못한 이유는 무엇일까?

② 무작정 친구의 답을 기다리는 것이 옳을까?

③ 나도 친구의 문자에 바로 답변하지 못한 적이 있었을까?

④

3. 찬찬히 연습해요

친구가 내 메시지를 읽고 답을 안 할 때
메시지를 보낼 준비가 됐어요.
생각을 정리하여 써 보세요.

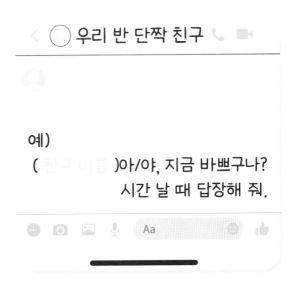

우리 반 단짝 친구

예)
(친구 이름)아/야, 지금 바쁘구나?
시간 날 때 답장해 줘.

꿀팁!

스마트폰으로 대화할 때는 상대방의 상황과 표정이 보이지 않으니까 더 조심해서 대화해야 해요. 특히 스마트폰으로 오가는 대화는 다른 사람에게 금방 퍼질 수 있으므로, 신중하게 메시지를 보내야 합니다.

내가 잃어버린 물건이랑
똑같은 것을 친구가 갖고 있을 때

1. 가만히 떠올려요

며칠 전에 가방에 달고 다니던 고양이 인형을 잃어버렸어요. 그런데 오늘 보니, 우리 반 친구가 내가 잃어버린 그 인형이랑 똑같은 걸 가방에 달고 있어요.
이럴 때 뭐라고 말할 건가요?

“   ”

2. 곰곰이 생각해요

아끼는 물건을 잃어버린 것도 속상한데, 친구가 똑같은 물건을 가지고 있는 걸 보면 더 마음이 복잡할 수 있어요. 잘못 이야기하면 친구가 매우 불쾌할 수 있으니까 친구에게 말하기 전 어떤 것들을 생각해 봐야 할지 적어 보세요.

① 그 물건이 정말 내가 잃어버린 것과 똑같을까?

② 그 물건에 혹시 내 이름이 적혀 있을까?

③ 친구의 물건일 수도 있는데 뭐라고 먼저 물어보면 좋을까?

④

3. 찬찬히 연습해요

내가 잃어버린 물건과 똑같은 것을 갖고 있는 친구에게 말할 준비가 되었어요. 생각을 정리해서 말하기 연습을 해 보세요.

예) (   ) 예쁘다. 나도 똑같은 걸 갖고 있었는데 잃어버렸거든, 넌 어디서 구했어?

" "

될 수 있으면 학교에는 꼭 필요한 학용품이나 준비물 외에는 가져가지 않는 게 좋아요. 그리고 모든 물건에는 지워지거나 떨어지지 않게 이름을 써 놓으세요.

선물받은 물건을 다시 돌려 달라고 할 때

1. 가만히 떠올려요

어제 친구가 스티커를 줬어요. 그런데 오늘 갑자기 어제 줬던 스티커를 돌려 달래요. 분명히 어제 나한테 준 건데 말이에요.
이럴 때 뭐라고 말할 건가요?

"   "

2. 곰곰이 생각해요

친구가 어제 분명히 나에게 선물한 물건을 다시 돌려 달라고 하면 당황스러울 거예요. 이럴 때 친구에게 말하기 전 어떤 것들을 생각해 봐야 할지 적어 보세요.

① 친구가 왜 갑자기 물건을 돌려 달라고 할까?

② 나는 친구에게 받은 물건을 돌려주고 싶을까?

③ 친구와 내가 서로 기분 나쁘지 않으려면 어떻게 하는 게 좋을까?

④

3. 찬찬히 연습해요

선물한 물건을 다시 돌려 달라고 하는 친구에게 말할 준비가 되었어요. 생각을 정리해서 말하기 연습을 해 보세요.

예) 어제 선물로 준다고 해 놓고 돌려 달라고 하니까 좀 당황스러워.
돌려 달라고 하는 이유가 뭔지 알 수 있을까?

꿀팁!

친구가 가진 물건을 달라고 해서도 안 되고, 친구에게 함부로 물건을 줘도 안 돼요. 친구가 이유 없이 나에게 선물할 때는 "부모님께 허락받지 않아도 돼?", "다시 생각해 보고, 내일 줘"와 같이 친구가 신중하게 생각하고 선물하도록 도와주세요.

모르는 것이 있을 때

1. 가만히 떠올려요

수업 시간에 문제를 푸는데, 잘 모르겠어요. 선생님께서 가르쳐 주신 내용인데, 기억이 잘 안 나요. 나만 빼고 친구들은 다 아는 것 같아요.
이럴 때 어떻게 할래요?

" 　　　　　　　　　　　　　　　　　　　　　　　"

2. 곰곰이 생각해요

모른다고 부끄러워할 필요가 없어요. 모른다는 사실을 아는 것이 진짜 배움의 시작이거든요. 선생님께 여쭤보기 전 어떤 것들을 생각해 봐야 할지 적어 보세요.

① 혹시 내가 질문을 하는 것이 친구들에게 방해가 될까?

② 선생님께 질문하기 전에 먼저 책을 한 번 더 보는 것이 도움이 될까?

③ 어떻게 질문해야 선생님이 잘 도와주실까?

④

3. 찬찬히 연습해요

모르는 것이 있을 때 말할 준비가 되었어요. 무엇을 어떻게 물어보는 것이 좋을지 고민해 보고 자신의 생각을 정리해서 말하기 연습을 해 보세요.

예) 선생님, (　　)을/를 잘 모르겠어요.
다시 설명해 주실 수 있나요?

모르는 것을 물어보는 건 부끄러운 일이 아니에요. 질문하는 건 아주 용감한 행동이랍니다. 분명히 내가 질문한 덕분에 다른 친구들도 더 정확하게 알게 되고, 반 친구들에게도 도움이 될 거예요. 질문할 때는 이해가 안 되는 부분을 구체적으로 물어보세요.

친구에게 실수했을 때

1. 가만히 떠올려요

친구는 자기 별명을 부르는 걸 싫어해요. 그런데 오늘 나도 모르게 친구의 별명을 부르고 말았어요.

이럴 때 뭐라고 말할 건가요?

"　　　　　　　　　　　　　　　　　　　　　　　　"

2. 곰곰이 생각해요

누구나 실수는 해요. 중요한 건 실수한 후에 하는 행동이지요. 친구에게 사과하기 전 어떤 것들을 생각해 봐야 할지 적어 보세요.

① 다른 친구가 나를 싫어하는 별명으로 부르면 기분이 어떨까?

② 친구는 왜 그 별명을 싫어할까?

③ 내가 친구라면 어떤 말을 듣고 싶을까?

④

3. 찬찬히 연습해요

친구에게 실수했을 때 말할 준비가 되었어요. 생각을 정리해서 말하기 연습을 해 보세요.

예) (친구 이름)아/야, (실수한 내용)해서 정말 미안해.
앞으로는 조심할게!

내가 실수했을 때 친구가 화를 내면, '왜 이리 예민하게 굴어?', '쩨쩨하기는!' 하는 생각이 들 수도 있어요. 친구가 화내는 것에 초점을 두기보다, 내가 한 실수에 관해 진심을 담아 사과하는 게 먼저예요. 잘못을 인정하는 사람이 정말 용감한 사람이랍니다.

친구에게 사과하고 싶을 때

1. 가만히 떠올려요

어제 친구랑 싸웠어요. 어제는 너무 화가 나서 친구가 원망스러웠는데, 오늘 생각해 보니 내가 잘못한 게 있어서 사과하고 싶어요.
이럴 때 뭐라고 말할 건가요?

"

"

2. 곰곰이 생각해요

친구랑 싸워서 속상했을 텐데 사과하고 싶다니, 정말 훌륭하고 용감한걸요? 친구에게 사과하기 전 어떤 것들을 생각해 봐야 할지 적어 보세요.

① 내가 잘못한 일이 정확히 무엇일까?

② 친구가 어떤 부분에서 상처를 받았을까?

③ 진심으로 사과를 하려면 어떻게 하면 좋을까?

④

3. 찬찬히 연습해요

이제 진심을 담아서 친구에게 사과할 준비가 되었어요. 사과하고 싶은 내용을 정리해서 말하기 연습을 해 보세요.

예) (친구 이름)아/야, 생각해 보니 내가 잘못한 부분이 있더라고.
(잘못한 일)은 정말 미안해.

"

꿀팁! 친구의 눈을 보면서 차분하게 말하면, 사과의 진심을 잘 전할 수 있어요. 잘못을 솔직하게 인정하면 친구도 사과를 받아들이기 쉬울 거예요. 친구에게 사과받고 싶은 부분이 있으면 내 잘못부터 충분히 사과한 후 이야기해 보세요.

친구가 내 사과를 안 받아 줄 때

1. 가만히 떠올려요

친구에게 사과했는데, 친구가 사과를 받아 주지 않아요. 화를 풀지 않는 친구를 보니 마음이 불편해요.
이럴 때 뭐라고 말할 건가요?

"   "

2. 곰곰이 생각해요

사과했는데도 친구의 마음이 풀리지 않으면 슬퍼요. 그래도 사과한 일은 아주 잘한 일이에요.
친구에게 다시 사과하기 전 어떤 것들을 생각해 봐야 할지 적어 보세요.

① 나도 친구에게 사과를 받았는데 화가 풀리지 않았던 때가 있을까?

② 그때 나는 왜 화가 풀리지 않았을까?

③ 친구에게 시간을 좀 더 주는 게 좋을까?

④

3. 찬찬히 연습해요

내 사과를 받아 주지 않는 친구에게 말할 준비가 되었어요. 생각을 정리해서 말하기 연습을
해 보세요.

예) 네가 아직 화가 나 있는 것 같아서 속상하고 미안해.
네가 화가 풀릴 때까지 기다릴게.

사과를 받아 달라고 계속 귀찮게 하면 오히려 사이가 악화될 수 있어요. 친
구에게 시간을 주고 기다려 주세요. 말로만 하지 않고, 편지를 쓰거나 긍정적
인 태도로 다가가는 것도 필요해요. 상황이 해결되지 않으면 선생님이나 부
모님께 도움을 요청해 보세요.

친구가 나만 돈을 쓰게 할 때

1. 가만히 떠올려요

친구가 학교 끝나고 집에 가는 길에 떡볶이를 사 달라고 해요. 친구는 나한테 사 준 적도 없으면서, 나만 돈을 쓰게 해요.

이럴 때 뭐라고 말할 건가요?

66   99

2. 곰곰이 생각해요

친구는 나에게 돈을 쓰지 않는데, 나보고만 사 달라고 하면 불공평하다는 생각이 드는 게 당연해요. 친구에게 말하기 전 어떤 것들을 생각해 봐야 할지 적어 보세요.

① 친구가 돈을 쓰지 않는 이유는 무엇일까?

② 평소 그 친구는 나를 어떻게 대했을까?

③ 내 돈을 아껴야 하는 이유는 무엇일까?

④

3. 찬찬히 연습해요

나만 돈을 쓰게 하는 친구에게 말할 준비가 되었어요. 생각을 정리해서 말하기 연습을 해 보세요.

예) (친구 이름)아/야, 나도 돈을 아껴 써야 해서 매번 사 줄 수는 없어.
우리 서로 번갈아 가면서 사면 좋겠어.

66   99

꿀팁!

친구와 돈 이야기를 하는 게 불편할 수 있어요. 하지만 돈을 아껴 쓰고, 친구끼리 공평하게 돈을 쓰는 태도를 기르는 것이 중요하므로 용기를 내서 말해 보세요. 나만 돈을 쓰게 할 때 드는 감정을 솔직하게 이야기하고, 똑같은 일이 반복되면 어른에게 도움을 요청하세요.

내가 잘 못하는 일을 해야 할 때

1. 가만히 떠올려요

수업 시간에 장애물 넘기 달리기를 한대요. 나는 달리기도 못하는데, 장애물을 넘다가 넘어질 것 같아서 더 무섭고 하기 싫어요.
이럴 때 어떻게 할래요?

66   99

2. 곰곰이 생각해요

내가 잘 못하는 일은 하기 싫어요. 친구들 앞에서 그 일을 해야 할 때는 더 하기 싫어지지요.
그럼, 못하는 일은 아예 안 해도 되는 걸까요? 선생님께 말씀드리기 전 어떤 것들을 생각해
봐야 할지 적어 보세요.

① 나는 왜 그 일을 잘 못할까?

② 못하는 일을 잘하기 위해서는 어떻게 하는 게 좋을까?

③ 어떤 도움을 받으면 내가 더 잘할 수 있을까?

④

3. 찬찬히 연습해요

내가 잘 못하는 일을 해야 할 때 말할 준비가 되었어요. 생각을 정리해서 말하기 연습을 해 보
세요.

예) 선생님, (내가 잘 못하는 일)이 어려워요.
어떻게 하면 잘할 수 있을까요?

내가 잘 못하는 일을 다른 사람에게 이야기하는 건 큰 용기가 필요해요. 그
만큼 자신의 약점을 인정하는 사람은 마음이 단단하다는 뜻이지요. 잘 못하
는 것을 용기 내서 이야기하고, 잘하려고 노력하는 태도를 가진 어린이는 정
말 멋진 어린이랍니다!

친구의 관심이 부담스러울 때

1. 가만히 떠올려요

나에게 잘해 주는 친구가 있어요. 나한테 관심도 많아서 이것저것 물어보기도 해요. 그런데 나는 이 친구의 관심이 부담스러워요.
이럴 때 어떻게 말할 건가요?

2. 곰곰이 생각해요

친구가 관심을 많이 가져 주면 고맙기도 하지만, 때로는 부담스럽게 느껴질 수 있어요. 부담스러운 마음을 친구에게 말하기 전 어떤 것들을 생각해 봐야 할지 적어 보세요.

① 친구가 왜 나에게 관심을 가질까?

② 친구의 관심이 나는 왜 부담스러울까?

③ 친구가 나에게 관심을 완전히 끊으면 만족할 수 있을까?

④

3. 찬찬히 연습해요

친구의 과도한 관심이 부담스러울 때 말할 준비가 되었어요. 생각을 정리해서 말하기 연습을 해 보세요.

예) (친구 이름)아/야, 나에게 관심을 가져 주어서 고마워.
그런데 나는 가끔 혼자 있는 시간이 필요해. 이해해 줄 수 있어?

친구가 나에게 관심을 두는 건 고마운 일이므로, 고맙다는 마음은 전하는 게 좋아요. 친구가 애정을 표현하는 방식이 서툴러서 그런 거니까, 어떤 부분이 부담스러운지, 어떻게 하면 부담스럽지 않을 것 같은지 구체적으로 함께 이야기해 보세요.

친구가 비속어를 많이 쓸 때

1. 가만히 떠올려요

우리 반에 인기가 많은 친구가 있어요. 그 친구는 말을 재미있게 하지만 욕설을 많이 쓰고, 동영상에서 나오는 이상한 말도 많이 해요.
이럴 때 어떻게 할래요?

"   "

2. 곰곰이 생각해요

인기가 많은 친구가 비속어를 많이 쓰면 걱정이 되기도 하고, 그런 상황이 불편할 수 있어요. 비속어를 쓰는 친구에게 말하기 전 어떤 것들을 생각해 봐야 할지 적어 보세요.

① 친구는 왜 비속어를 많이 쓸까?

② 나도 비속어를 듣거나 말한 적이 있을까?

③ 왜 비속어를 쓰는 친구를 보면 기분이 좋지 않을까?

④

3. 찬찬히 연습해요

다른 친구들 앞에서 비속어를 많이 쓰는 친구에게 말할 준비가 되었어요. 생각을 정리해서 말하기 연습을 해 보세요.

예) (친구 이름)아/야, 넌 정말 말을 재미있게 해서 좋아.
비속어를 안 써도 재미있게 말할 수 있지?

비속어를 사용하면 같은 감정을 더 강하게 표현할 수 있고, 스트레스를 해소하는 느낌이 들 수도 있어요. 하지만 비속어를 계속 쓰면 알맞은 단어를 사용하는 능력이 떨어지고, 다른 사람에게 나쁜 인상을 심어 줄 수 있어요. 비속어는 쓰지 않기로 약속해요.

친구가 나랑 자리를 바꿔 달라고 할 때

1. 가만히 떠올려요

학원에 일찍 가서 자리를 맡았어요. 그런데 친구가 오더니 자기랑 자리를 바꿔 달래요. 바꿔 주기 싫다고 했는데도 자꾸 졸라요.
이럴 때 어떻게 말할 건가요?

"

"

2. 곰곰이 생각해요

거절했는데도 친구가 자꾸 조르면 참 곤란하죠. 내 마음을 친구에게 말하기 전 어떤 것들을 생각해 봐야 할지 적어 보세요.

① 친구가 자리를 바꾸고 싶어 하는 이유가 무엇일까?

② 친구와 자리를 바꾸는 것이 나에게 도움이 될까?

③ 친구의 부탁을 무작정 들어주는 것이 좋은 걸까?

④

3. 찬찬히 연습해요

자리를 바꿔 달라고 조르는 친구에게 말할 준비가 되었어요. 생각을 정리해서 말하기 연습을 해 보세요.

예) (친구 이름)아/야, 난 지금 이 자리가 좋아서 안 바꾸고 싶어. 그만 이야기해 줄래?

" "

  친구의 부탁을 들어주고 싶다면, 한 번쯤은 못 이기는 척 자리를 바꿔 줘도 돼요. 하지만 나에게 반복해서 무리한 부탁을 하는 친구에게는 꼭 용기를 내서 여러분의 속마음을 이야기하세요. 나부터 나 스스로를 존중해 주세요.

더 이상 어울리기 싫은 친구가 생겼을 때

1. 가만히 떠올려요

더 이상 어울리기 싫은 친구가 생겼어요. 그 아이랑 당분간 말도 하고 싶지 않아요.
이럴 때 그 친구에게 어떻게 말할 건가요?

2. 곰곰이 생각해요

친구랑 어울리기 싫을 때도 있고, 잠시 떨어져 있고 싶을 때도 있어요. 그런 마음이 드는 건 자연스러운 일이죠. 피하고 싶은 친구와 말하기 전 어떤 것들을 생각해 봐야 할지 적어 보세요.

① 내가 그 친구와 어울리고 싶지 않은 이유는 무엇일까?

② 그 친구와 앞으로 계속 어울리기 싫은 걸까, 아니면 그냥 잠시 같이 놀고 싶지 않은 걸까?

③ 친구 마음이 상하지 않게 **표현할** 방법이 있을까?

④

3. 찬찬히 연습해요

더 이상 어울리기 싫은 친구에게 말할 준비가 되었어요. 생각을 정리해서 말하기 연습을 해 보세요.

예) (친구 이름)아/야, 우리 잠시 다른 친구들과 지내보면 어떨까?
나는 요즘 다른 친구들과도 어울려 보고 싶거든.

 친구에게 자신의 감정을 정직하게 이야기하는 건 중요하고도 용기가 필요한 일이에요. 하지만 친구가 잘못한 일이 없는데, 내 마음이 변해서 어울리기 싫어졌다면 친구의 감정이 상하지 않게 잘 이야기할 필요가 있어요.

엘리베이터에서 이웃을 만났을 때

1. 가만히 떠올려요

엘리베이터에 탔는데 옆집에 사는 아주머니랑 같은 라인에 사는 친구도 있어요.
이럴 때 어떻게 할래요?

"　　　　　　　　　　　　　　　　　　　　　　　　　"

2. 곰곰이 생각해요

엘리베이터에서 이웃을 만나면, 어떻게 하면 좋을까요? 이웃에게 말하기 전 어떤 것들을 생각해 봐야 할지 적어 보세요.

① 엘리베이터에서 만난 이웃이 나에게 인사를 한다면 어떻게 해야 할까?

② 엘리베이터에서 처음 보는 이웃을 만나면 어떤 인사를 하는 게 좋을까?

③ 무작정 인사를 하면 이웃과 친구가 놀라지 않을까?

④

3. 찬찬히 연습해요

엘리베이터에서 만난 이웃에게 말할 준비가 되었어요. 생각을 정리해서 말하기 연습을 해 보세요.

예) 안녕하세요? 좋은 하루 보내세요!

꿀팁!

엘리베이터는 좁은 공간이고, 머무는 시간이 길지 않으므로 작은 소리로 간단하게 인사만 해도 충분해요. 짧게 인사만 건네도 엘리베이터 안의 분위기가 밝아진답니다.

명절에 친척을 만났을 때

1. 가만히 떠올려요

명절에 할아버지 댁에 갔다가 잘 모르는 어른들을 만났어요. 한 번도 본 적이 없는 어른인데, 할아버지께서 친척이라고 소개해 주셨어요.

이럴 때 어떻게 할래요?

66

99

2. 곰곰이 생각해요

처음 보는 어른들을 만나면 조금 어색하고 긴장될 수 있어요. 어른들께 말하기 전 어떤 것들을 생각해 봐야 할지 적어 보세요.

> ① 평소 낯선 어른들을 만났을 때 나는 어떻게 행동했을까?
>
> ② 처음 보는 어른들에게 뭐라고 나를 소개하는 것이 좋을까?
>
> ③ 어른들이 무섭고 낯설다면 부모님께 도움을 청해도 될까?
>
> ④

3. 찬찬히 연습해요

평소에 잘 볼 수 없는 어른들이기에 낯설 수 있죠. 자, 이제 명절에 친척을 만났을 때 말할 준비가 되었어요. 생각을 정리해서 말하기 연습을 해 보세요.

> 예) 안녕하세요? 저는 (내 이름) 이에요.
> 할아버지의 둘째 손녀예요.

꿀팁!

처음 뵙는 어른에게는 부끄러워서 인사를 잘 못할 수도 있어요. 하지만 조부모님이나 부모님이 친척이라고 소개하시는 분께는 미소를 지으며 큰 목소리로 또박또박 인사드리세요. 친척들에게 더 사랑스럽고 예의 바른 어린이로 기억될 거예요.

부모님 모임에 함께 갈 때

1. 가만히 떠올려요

엄마 친구 모임에 따라갔어요. 가 보니 엄마 친구의 자녀들도 같이 왔어요.
이럴 때 어떻게 할래요?

66　　　　　　　　　　　　　　　　　　　　　　99

2. 곰곰이 생각해요

새로운 사람들과 처음 만나는 상황이라면, 낯설고 긴장될 수 있어요. 처음 보는 친구에게 말하기 전 어떤 것들을 생각해 봐야 할지 적어 보세요.

① 부모님의 모임에 참석했을 때 내 또래의 친구를 만난 적이 있었을까?

② 학교에서 친구를 처음 만났을 때와 부모님의 모임에서 또래를 만날 때가 크게 다를까?

③ 부모님의 친구분들께는 어떻게 인사드리는 것이 좋을까?

④

3. 찬찬히 연습해요

부모님 모임에 가서 만난 사람들에게 말할 준비가 되었어요. 생각을 정리해서 말하기 연습을 해 보세요.

> 예) 어른들께 - 안녕하세요? 저는 (내 이름)입니다.
> 또래에게 - 안녕? 나는 (내 이름)이고, (나이)살이야. 넌 이름이 뭐야?

꿀팁! 부모님 모임에 따라갔을 때는 더욱 예의 바르게 행동해야 해요. 예의 바르게 행동하는 것은 상대방을 존중한다는 뜻이거든요. 서로 존중하면 모두가 기분이 좋고, 부모님의 친구분들에게 좋은 인상을 줄 수 있어요.

선생님께서 도와주셨을 때

1. 가만히 떠올려요

아침부터 속이 울렁거렸는데, 갑자기 교실에서 토가 나왔어요. 보건실에 다녀오니, 토한 걸 선생님께서 다 치워 놓으셨어요.
이럴 때 어떻게 할래요?

66   99

2. 곰곰이 생각해요

아플 땐 감사 인사를 드리는 것도 생각하기 어려울 거예요. 게다가 토를 하는 등 실수를 한 후에는 당황스러워서 말을 꺼내기 힘들 수 있어요. 선생님께 말하기 전 어떤 것들을 생각해 봐야 할지 적어 보세요.

① 내가 다른 사람을 도왔을 때 어떤 말을 들으면 기분이 좋을까?

② 선생님이 나를 도와주셨을 때 어떻게 말씀드리는 것이 좋을까?

③ 선생님께 꼭 하고 싶은 말은 혹시 없을까?

④

3. 찬찬히 연습해요

나를 도와주신 선생님께 말씀드릴 준비가 되었어요.
생각을 정리해서 말하기 연습을 해 보세요.

예) 선생님, (　선생님께서 도와주신 일　)해 주셔서 고맙습니다.

선생님은 여러분을 기꺼이 도와주실 거예요. 하지만 반에 학생이 많아서 여러분이 원하는 것을 정확히 말하지 않으면 무엇을 도와주어야 하는지, 여러분이 어떤 생각을 하는지 알기가 어렵답니다. 도움이 필요한 것을 구체적으로 말씀드리고, 감사 인사도 잊지 마세요.

친구 집에 놀러 갔을 때

1. 가만히 떠올려요

친구네 집에 초대를 받았어요. 친구들이랑 친구네 집에 가니 친구 엄마가 계세요.
이럴 때 어떻게 말할 건가요?

" "

2. 곰곰이 생각해요

친구네 집에 초대 받아서 가는 건 정말 신나고 설레는 일이죠. 하지만 그만큼 조심할 일도 많답니다. 친구의 부모님께 말하기 전 어떤 것들을 생각해 봐야 할지 적어 보세요.

① 친구가 우리 집에 왔을 때 친구는 어떻게 했을까?

② 친구가 우리 집에 왔을 때 신경쓰였던 점이 있다면 무엇이었을까?

③ 친구의 부모님을 만났을 때 어떻게 인사를 드리는 것이 좋을까?

④

3. 찬찬히 연습해요

초대 받은 친구 집에 놀러 갔을 때 말할 준비가 되었어요. 생각을 정리해서 말하기 연습을 해 보세요.

예) 안녕하세요, 저는 (내 이름   )이에요. 초대해 주셔서 고맙습니다.

" "

꿀팁!

집에 다른 사람을 초대하려면 많은 준비가 필요해요. 이런 수고를 기꺼이 해 주신 친구 부모님과 친구에게 고마운 마음을 표현하세요. 함부로 다른 방의 문을 열어 보거나 여기저기 뒤져 보는 행동도 물론 하면 안 되겠지요?

갖고 싶은 것이 생겼을 때

1. 가만히 떠올려요

갖고 싶은 물건이 생겼어요. 생일이 이미 지나서 선물 받을 일도 없고, 용돈 모아 놓은 것도 없어서 그 물건을 사기도 어려워요.
이럴 때 어떻게 할래요?

"
"

2. 곰곰이 생각해요

갖고 싶은 물건이 생겼는데, 당장 살 수 없으니 매우 아쉽겠군요. 부모님께 말씀드리기 전 어떤 것들을 생각해 봐야 할지 적어 보세요.

① 나는 왜 그 물건이 가지고 싶을까?

② 그 물건이 나에게 꼭 필요한 물건일까?

③ 부모님께 이 물건을 사고 싶은 이유를 어떻게 설명할까?

④

3. 찬찬히 연습해요

세상에는 왜 이렇게 좋아 보이는 물건이 많을까요? 자, 이제 갖고 싶은 것이 생겼을 때 말할 준비가 되었어요. 생각을 정리해서 말하기 연습을 해 보세요.

예) 엄마, 아빠, 제가 갖고 싶은 게 생겼어요.
(갖고 싶은 물건)을/를 사려고 용돈을 모으려고 하는데,
어떻게 모으면 좋을까요?

꿀팁!

갖고 싶은 것이 생겼을 땐 충동적으로 사지 말고, '그 물건이 나에게 꼭 필요한가?', '그 물건을 사려는 까닭은 무엇인가?', '물건의 가격은 적당한가?' 등을 생각하는 태도가 필요해요. 신중하게 생각해서 현명한 소비를 하길 바랍니다.

여러 사람과 함께 식사할 때

1. 가만히 떠올려요

친척들과 식당에서 만났어요. 오랜만에 만나는 친척과 사촌도 반갑고, 음식도 맛있어서 신나요.
이럴 때 어떻게 할래요?

66   99

2. 곰곰이 생각해요

똑같은 음식도 여러 사람과 함께 먹으면 더 맛있고 신나요. 즐겁게 함께 식사하는 분위기를 만들려면 어떻게 해야 할까요? 친척들에게 말하기 전 어떤 것들을 생각해 봐야 할지 적어 보세요.

① 식당에서 식사를 할 때 지켜야 할 예절은 무엇일까?

② 내가 식사 예절을 지키지 않으면 우리 부모님의 마음은 어떠실까?

③ 만약 식사를 하다 필요한 것이 있으면 어떻게 말하는 게 좋을까?

④

3. 찬찬히 연습해요

식사 자리에서 너무 크게 말하면 안 되는 것은 알고 있죠? 자, 이제 여러 사람과 함께 식사할 때 말할 준비가 되었어요. 생각을 정리해서 말하기 연습을 해 보세요.

예) 음식을 먹기 전 - 맛있게 먹겠습니다!
음식을 다 먹은 후 - 잘 먹었습니다!

꿀팁!

다른 사람과 함께 식사할 때 지켜야 할 예절을 알고 있나요? 입에 음식이 있을 땐 말하지 않기, 다른 사람과 먹는 속도 맞추기, 바른 자세로 앉아서 먹기, 식당에서 조용히 말하고 안전하게 걸어 다니기 등 예의 바른 식사 예절을 실천하기로 해요.

다른 사람의 도움이 필요할 때

1. 가만히 떠올려요

숙제를 해야 하는데, 혼자는 도저히 못 하겠어요. 어른의 도움이 필요해요.
이럴 때 어떻게 말할 건가요?

66   99

2. 곰곰이 생각해요

숙제가 어려우면 혼자서는 어려울 수도 있어요. 다른 사람의 도움이 필요할 땐 어떻게 말하면 좋을까요? 주변 사람들에게 도움을 요청하기 전 어떤 것들을 생각해 봐야 할지 적어 보세요.

① 부모님이 나의 문제를 풀어 주는 것이 나에게 정말 도움이 될까?

② 내가 스스로 풀 수 있는 다른 방법은 없을까?

③ 만약 도움을 받고 싶다면 어떻게 말하는 것이 좋을까?

④

3. 찬찬히 연습해요

다른 사람의 도움이 필요할 때 말할 준비가 되었어요. 생각을 정리해서 말하기 연습을 해 보세요.

예) 혼자 하려고 해 봤는데 잘 안 돼요.
(도움이 필요한 구체적인 내용)을 도와주실래요?

꿀팁!

혼자 해결하려고 애쓰다 보면 나도 모르게 짜증이 날 수 있어요. 짜증난 상태에서 도움을 요청하면, 상대방은 '도와 달라는 사람이 나한테 화를 내네?' 하고 오해할 수 있어요. 도움을 요청할 땐 차분하고 또박또박, 예의 바르게 말해야 해요.

친구의 연락처를 알고 싶을 때

1. 가만히 떠올려요

친구에게 휴대전화가 있는 걸 알게 됐어요. 그 친구랑 통화도 하고, 문자도 주고받으면서 연락하고 싶어요.
이럴 때 어떻게 말할 건가요?

66   99

2. 곰곰이 생각해요

친구와 휴대전화로 연락할 생각을 하니 설레고 기대도 될 거예요. 친구와 더 자주 소통할 수 있는 만큼, 더 조심할 일도 많아져요. 친구에게 말하기 전 어떤 것들을 생각해 봐야 할지 적어 보세요.

① 친구가 나에게 연락처를 물어봤을 때는 뭐라고 말했을까?

② 내 전화번호를 친구에게 그냥 막 줘도 괜찮을까?

③ 만약 친구가 전화번호를 주는 것을 거절한다면 어떻게 대처하는 게 좋을까?

④

3. 찬찬히 연습해요

친구의 연락처를 알고 싶을 때 말할 준비가 되었어요. 생각을 정리해서 말하기 연습을 해 보세요.

예) (친구 이름)아/야, 휴대전화 번호를 알려 줄 수 있어?

아무리 친한 친구라도 밤늦게 연락하거나 너무 많이, 자주 문자를 보내는 건 실례예요. 연락을 주고받는 친구에 관해 부모님께도 말씀드리는 것이 안전해요.

친구의 도움을 거절하고 싶을 때

1. 가만히 떠올려요

학교에서 작품을 만드는데 친구가 도와주겠다고 해요. 그런데 난 이 작품을 혼자 완성하고 싶어요.
이럴 때 어떻게 말할 건가요?

66　　　　　　　　　　　　　　　　　　　　　　　　　　　　　　99

2. 곰곰이 생각해요

친구가 도와주려고 해서 고맙지만, 다른 사람의 도움을 받지 않고 혼자 하고 싶은 마음이 들 때가 있지요. 도움을 거절하기 위해 친구에게 말하기 전 어떤 것들을 생각해 봐야 할지 적어 보세요.

① 친구의 도움을 받고 싶지 않은 이유는 무엇일까?

② 친구가 나의 도움을 거절한 적이 있었을까? 그때 친구는 뭐라고 나에게 말했을까?

③ 어떻게 말해야 친구가 속상하지 않을까?

④

3. 찬찬히 연습해요

친구의 도움을 거절하고 싶을 때 말할 준비가 되었어요. 생각을 정리해서 말하기 연습을 해 보세요.

예) (친구 이름)아/야, 도와주겠다고 해서 정말 고마워.
그런데 이번에는 나 혼자서 이 작품을 만들고 싶어.

친구와 함께 협력하고, 친구의 마음을 헤아리는 것도 중요하지만 때로는 마음먹은 일을 혼자서 해내는 경험을 하는 것도 매우 중요해요. 다른 사람을 헤아리느라 매번 내가 하고 싶은 일을 그만두면 안 돼요. 좋은 친구라면, 여러분의 마음을 이해해 줄 거예요.

친구가 사과했는데,
아직 용서하기 힘들 때

1. 가만히 떠올려요

친구가 나에게 잘못한 일이 있어요. 친구가 사과했는데, 아직 마음이 풀리지 않아요.
이럴 때 어떻게 말할 건가요?

2. 곰곰이 생각해요

마음이 크게 상하면 금방 용서하기 힘들 수 있어요. 친구에게 내 마음을 말하기 전 어떤 것들을 생각해 봐야 할지 적어 보세요.

① 나는 왜 화가 풀리지 않을까?

② 친구가 나에게 어떻게 말해 주면 마음이 풀릴까?

③ 나는 친구가 잘못한 일을 용서할 수 있을까?

④

3. 찬찬히 연습해요

친구가 사과를 했지만 아직 용서하기 힘들 때 말할 준비가 되었어요. 생각을 정리해서 말하기 연습을 해 보세요.

예) (친구 이름)아/야, 사과해 줘서 고맙고, 네 마음도 알겠어.
그런데 아직 내 마음이 풀리지 않아. 시간을 좀 줄래?

 친구를 용서하기 어렵다면, 친구와 다시 친하게 지내고 싶은지 아니면 거리를 두고 싶은지를 생각해 보세요. 친구와 계속 친하게 지내고 싶다면, 내 마음과 상황을 잘 설명해 주세요.

하루 3줄 쓰기
나도 친구도 오해하지 않고 말해요

1판 1쇄 인쇄 2025년 1월 21일
1판 1쇄 발행 2025년 2월 7일

지은이 윤희솔
펴낸이 고병욱

기획편집2실장 김순란 **책임편집** 권민성 **기획편집** 조상희 김지수
마케팅 이일권 황혜리 복다은 **디자인** 공희 백은주
제작 김기창 **관리** 주동은 **총무** 노재경 송민진 서대원

펴낸곳 청림출판(주)
등록 제2023-000081호

본사 04799 서울시 성동구 아차산로17길 49 1010호 청림출판(주)
제2사옥 10881 경기도 파주시 회동길 173 청림아트스페이스
전화 02-546-4341 **팩스** 02-546-8053

홈페이지 www.chungrim.com **이메일** life@chungrim.com
인스타그램 @ch_daily_mom **블로그** blog.naver.com/chungrimlife
페이스북 www.facebook.com/chungrimlife

ⓒ 윤희솔, 2025

ISBN 979-11-93842-26-3 74710